Conhecimento Prático com Cristais

Conhecimento Prático com Cristais

Seu *workshop* completo sobre cristais em um único livro

Judy Hall

Tradução:
CINTIA DE PAULA FERNANDES BRAGA

Editora
Pensamento
SÃO PAULO

Título do original: *The Crystal Experience.*

Copyright © 2010 Octopus Publishing Group Ltd.
Copyright do texto © 2010 Judy Hall.

Publicado originalmente na Grã-Bretanha em 2010
pela Godsfield Press, uma divisão do Octopus Publishing Group Ltd.
Endeavour House, 189 Shaftesbury Avenue
London WC2H 8JY
www.octopusbooks.co.uk

Copyright da edição brasileira © 2013 Editora Pensamento-Cultrix Ltda.

Texto de acordo com as novas regras ortográficas da língua portuguesa.

1ª edição 2013.
1ª reimpressão 2016.

Todos os direitos reservados. Nenhuma parte desta obra pode ser reproduzida ou usada de qualquer forma ou por qualquer meio, eletrônico ou mecânico, inclusive fotocópias, gravações ou sistema de armazenamento em banco de dados, sem permissão por escrito, exceto nos casos de trechos curtos citados em resenhas críticas ou artigos de revistas.

A Editora Pensamento não se responsabiliza por eventuais mudanças ocorridas nos endereços convencionais ou eletrônicos citados neste livro.

Judy Hall reivindica o direito moral de ser identificada como autora deste trabalho.

ADVERTÊNCIA: As informações contidas neste livro não pretendem substituir o tratamento médico nem podem ser usadas como base para um diagnóstico. Se você tiver alguma dúvida sobre o uso das pedras, consulte um especialista em cura por meio de cristais. No contexto deste livro, a doença é uma indisposição, a manifestação final de stress ou desequilíbrio espiritual, ambiental, psicológico, kármico, emocional ou mental. A cura significa recuperar o equilíbrio da mente, do corpo e do espírito e facilitar a evolução da alma; não implica a cura da doença.

De acordo com o consenso relativo à cura pelos cristais, todas as pedras são chamadas de cristais, quer tenham ou não uma estrutura cristalina.

Coordenação editorial: Denise de C. Rocha Delela e Roseli de S. Ferraz
Preparação de originais: Roseli de S. Ferraz

Dados Internacionais de Catalogação na Publicação (CIP)
(Câmara Brasileira do Livro, SP, Brasil)

Hall, Judy
    Conhecimento prático com cristais/Judy Hall; tradução Cintia de Paula Fernandes Braga. – São Paulo: Pensamento, 2012.

    Título original: The crystal experience
    ISBN 978-85-315-1803-4

    1. Cristais – Aspectos psicológicos 2. Cristais – Uso terapêutico
I. Título.

12-09200   CDD-133.2548

Índices para catálogo sistemático:
1. Cristais: Uso terapêutico: Esoterismo   133.2548

Direitos de tradução para o Brasil
adquiridos com exclusividade pela
EDITORA PENSAMENTO-CULTRIX LTDA.
Rua Dr. Mário Vicente, 368 — 04270-000 — São Paulo, SP
Fone: (11) 2066-9000 — Fax: (11) 2066-9008
E-mail: atendimento@editorapensamento.com.br
http://www.editorapensamento.com.br
que se reserva a propriedade literária desta tradução.
Foi feito o depósito legal.

Sumário

Introdução 8
Como usar este livro e o CD 12
Construindo uma imagem 12
Glossário de termos 15

Como escolher um cristal? 17
Sua coleção de cristais 18
Como escolher um cristal 20
Como limpar, ativar e guardar os cristais 22
De que cristais você precisa? 24
Lista de Cristais 26
Exercícios: Como escolher e limpar os cristais 33
Exercício 1: Como identificar seus cristais 34
Exercício 2: O que os seus dedos dizem? 40
Exercício 3: A grande limpeza dos cristais 42
Exercício 4: Como entrar em sintonia com os seus cristais 44

Tudo sobre cristais 49
O que é um cristal? 50
A forma e a cor são importantes? 52
Sistemas de cristais 62
Exercícios com as cores e as formas 65
Exercício 5: Sinta-me 66
Exercício 6: Qual a sua cor? 70
Exercício 7: Qual a sua forma? 74
Exercício 8: A que sistema você pertence? 78

Os cristais e os chakras 81
Os chakras e a cura 82
Os chakras e as cores 88
Os chakras e a aura 90
Como abrir os chakras superiores 92
Exercícios com os chakras 97
Exercício 9: Limpeza, recarga e equilíbrio total dos chakras 98
Exercício 10: Qual a cor dos seus chakras? 102
Exercício 11: Como fortalecer sua aura 104
Exercício 12: Como alinhar seus chakras superiores 108

Cristais para autodesenvolvimento 113
Qualidades dos cristais 114
Que cristais você prefere? 116
Que cristais você deve evitar? 118
Como proteger-se com os cristais? 120
Proteja seu espaço 124
Exercícios para o autodesenvolvimento 129
Exercício 13: Sua jornada com o Quartzo 130
Exercício 14: O que os cristais que você prefere dizem? 134
Exercício 15: Como enfrentar sua energia da Sombra 138
Exercício 16: Como proteger seu baço 140
Exercício 17: Use sistemas de gradeamento 142

Como ser seu próprio agente de cura com os cristais? 145

Origens da doença energética 145

Os cristais e as emoções 148

Libertando-se do passado 150

Os cristais e os órgãos internos 152

Os cristais e a mente 158

Exercícios de cura 161

Exercício 18: Como descobrir o cristal do seu sistema imunológico 162

Exercício 19: Sua jornada com a Obsidiana Arco-íris 166

Exercício 20: Seu esquema desintoxicante 170

Exercício 21: Como aguçar a mente 174

Como manter os cristais ativos? 177

Trabalhe todos os dias com os cristais 178

Banho com os cristais 180

Massagem com os cristais 182

Conversando com os cristais 184

Como incorporar novas qualidades espirituais 186

Essências de pedras 190

Exercícios para manter os cristais ativos 193

Exercício 22: Como viajar pelos planos interiores 194

Exercício 23: Automassagem com os cristais 196

Exercício 24: Como encontrar seu equilíbrio interior 198

Exercício 25: Como acessar seus dons espirituais 202

Exercício 26: Como usar sua essência de pedras 204

Como avançar no trabalho com os cristais 209

Como trabalhar com cristais de alta vibração 210

Rituais e jornadas com cristais 218

Como atrair o amor 222

Exercícios para avançar no trabalho com os cristais 225

Exercício 27: Como comparar seus cristais de alta e baixa vibração 226

Exercício 28: Como entrar em sintonia com os seus cristais de alta vibração 228

Exercício 29: Ritual para atrair o amor 232

Exercício 30: Meditação do todo 236

Inspirações (roteiros do CD) 241

Faixa 1: Relaxamento, concentração e abertura do terceiro olho 242

Faixa 2: Entrando em sintonia com os seus cristais 244

Faixa 3: Música de Fundo

Faixa 4: A jornada do Quartzo 246

Faixa 5: A jornada da Obsidiana Arco-íris 248

Índice 250

Agradecimentos 256

Faixas do CD:

Faixa 1: Relaxamento, concentração e abertura do terceiro olho 242

Faixa 2: Entrando em sintonia com os cristais 244

Faixa 3: Música de fundo 245

Faixa 4: A jornada do Quartzo 246

Faixa 5: A jornada da Obsidiana Arco-íris 248

Introdução

Você já quis ter um conhecimento mais profundo dos cristais e entrar em sintonia total com eles? Já leu algum livro sobre suas propriedades e pensou que gostaria de aprender mais para viver essa experiência de verdade? Bem, agora isso é possível. Meus livros *A Bíblia dos Cristais* Volume I e Volume II descrevem com detalhes os atributos e propriedades curativas de quase 500 cristais. Este livro é diferente. Em vez de explicar as propriedades de cada cristal, ele ajuda você a descobrir por si mesmo como reagir a cada cristal e o que ele tem a lhe oferecer. É exatamente como participar de um *workshop* comigo para desenvolver, do seu jeito, o trabalho com cristais para autocura e desenvolvimento pessoal.

Em meus *workshops*, eu não digo às pessoas o que devem fazer ou esperar, mas as encorajo a experimentar um cristal, abrindo sua mente para possibilidades excitantes, e a brincar alegremente com esses pequenos seres maravilhosos. Eu sei que cada pessoa é única e experimenta a energia de um cristal de modo diferente por causa de expectativas pessoais, experiências passadas, camadas energéticas, bloqueios emocionais, fatores ambientais e efeitos de práticas espirituais.

Alguns dos meus cristais de cura mais potentes surgiram por meio do que eu chamo de feliz sincronicidade – os cristais certos estavam no lugar certo na hora certa. Em um *workshop*, por exemplo, uma varinha de Estibnita estava à minha frente, junto a um enorme Quartzo Clorita que eu tinha comprado recentemente e a uma varinha de Selenita de que eu gostava muito. Quando eu os coloquei na mesa, não tinha ideia de sua finalidade. Mas quando precisei de um portal para ajudar as almas perdidas a deixarem esse mundo em direção à luz, peguei os três cristais e os mantive um sobre o outro. Isso criou um portal extremamente eficiente, de modo que muitas versões semelhantes em menor escala são usadas agora no mundo inteiro. Também usei intuitivamente a Vivianita para curar um olho muito inflamado antes de descobrir que esse era um cristal relacionado aos olhos, e um Quartzo Catedral curou uma dor nas costas horrível apenas algumas semanas antes de um de

meus mais queridos donos de lojas de cristais dizerem: "Eu digo a todos os que vêm à loja com dor e indisposição que segurem esse cristal, e eles saem daqui se sentindo muito melhor."

Então, este livro ajuda você a descobrir por si mesmo exatamente que cristais ressoam com você. Ele o ajuda a explorar as energias e vibrações sutis, cores e formas dos cristais, e leva você a jornadas ao fundo do seu coração e do Todo. Você encontrará orientação na escolha dos cristais, na construção de uma coleção e na expansão de seu conhecimento, seja você um iniciante ou um cristaloterapeuta experiente. Participando desse *workshop* sobre cristais você desenvolverá suas habilidades de relaxamento, visualização e intuição.

O relaxamento envolve entrar em um estado receptivo da mente, no qual sua atenção se concentra em seu próprio interior e desconsidera os estímulos exteriores, mas permanece alerta. Visualização significa ver com seu terceiro olho e empreender jornadas por meio de sua imaginação a outros estados do ser. Quando você desenvolve a intuição, passa a observar as mensagens sutis que seu corpo, sua mente e seu ambiente enviam o tempo todo, mas que você pode não ter notado até agora.

Procure relaxar, concentrar-se e abrir seu terceiro olho antes de empreender qualquer jornada descrita neste livro. Com a prática, essa preparação só levará alguns momentos.

Ouça o CD agora Toque a faixa 1 do CD
Aprenda a relaxar, concentrar sua intenção e abrir o terceiro olho (para seguir o roteiro, vá às páginas 242-43). Se quiser ouvir a faixa deitado, coloque várias Ametistas em volta da cabeça para criar um espaço tranquilo e, para abrir o terceiro olho, uma pirâmide de Apofilita no centro da testa.

Ao longo deste livro, você encontrará símbolos para guiá-lo ao próximo passo na descoberta dos cristais.

Este exercício/jornada é adequado para Estes exercícios são normalmente sugeridos para um cristal específico, então ele mostra outros cristais em sua coleção que podem ser usados também. Fazer a jornada com vários cristais ajuda você a estabelecer suas diferenças e a descobrir o melhor deles para você.

Trabalhe com seu(s) cristal(is) agora Esse símbolo guia você ao exercício prático correspondente quando você estiver pronto. Lá você encontra as instruções completas.

Ainda não cheguei lá Se você ainda não se sente confiante em relação ao exercício, esse símbolo sugere maneiras de rever o assunto e se preparar melhor.

Ouça o CD agora Este símbolo mostra quando você deve ouvir o CD e em que faixa. O capítulo Inspirações nas páginas 241-49 contém alguns roteiros.

Como usar este livro e o CD

Este livro é dividido em várias seções, projetadas passo a passo para dar a você uma compreensão energética mais profunda dos cristais e ajudar você a adquirir experiência e confiança.

Na primeira parte de cada seção há uma breve introdução, sugestões sobre os cristais a escolher e orientações sobre exercícios práticos para quando você estiver pronto para experimentar o cristal. Há também sugestões sobre o que fazer se você não estiver ainda pronto para a experiência prática. A cada passo você pode seguir adiante ou repetir o trabalho anterior em seu próprio ritmo para construir seu conhecimento gradualmente.

Na segunda parte de cada seção há exercícios, questões guiadas e espaço para registrar suas experiências, respostas e impressões. Você pode ler sobre as propriedades do cristal antes de trabalhar com ele, seja em *A Bíblia dos Cristais* ou na Lista de Cristais nas páginas 26-32. Ou então espere até ter completado um exercício prático para procurar as propriedades do cristal, ou simplesmente trabalhe com aquelas que você mesmo descobrir.

O CD que acompanha este livro foi projetado para levar você a um estado de relaxamento receptivo que facilita as jornadas e experiências com cristais. Quando você escutar a faixa recomendada para um exercício (ver o símbolo do CD), siga as instruções. Há um interlúdio musical enquanto você as realiza, seguido por mais instruções, para guiar você até o próximo passo do exercício. Se precisar de mais tempo, pause o CD e só continue quando estiver pronto. Você também encontrará uma faixa de música instrumental para usar como fundo opcional para vários exercícios. Ela dura 20 minutos e está no final do exercício.

Construindo uma imagem

Para aproveitar ao máximo este livro, é essencial registrar suas impressões e experiências no espaço reservado no final de cada exercício. Lembre-se de colocar a data, a hora e o cristal usado. Variando o horário dos exercícios, você descobre se há algum momento específico em que você está mais intuitivo ou receptivo à energia do cristal. Algumas pessoas preferem a manhã, e outras a tarde ou a noite. Se houver alguma diferença significativa, marque suas sessões de acordo com ela.

Registrar suas experiências no presente – "estou caminhando... ouvindo... etc." ajuda você a voltar mais plenamente a elas mais tarde e a se lembrar do máximo de informações possíveis. Escreva até mesmo o detalhe mais insignificante, porque ele pode ser de muita importância mais tarde. Lembre-se de prestar atenção às sensações físicas, sentimentos, pensamentos que passarem por sua mente, sons ou cheiros de que você se conscientizar, mudanças em seu ritmo cardíaco ou respiratório e, especialmente, se o cristal afeta alguma área de seu corpo. Você pode sentir, por exemplo, formigamentos, incômodo, calor ou dor; ou então se sentir confortável ou aliviado.

Os registros no diário incluem perguntas que ajudam você a descobrir como o cristal afetou você, as mudanças emocionais, mentais ou energéticas que ele produziu e as impressões que você teve sobre suas propriedades. Responder a elas de modo tão completo quanto possível ajudará você a monitorar suas impressões e a rastrear maneiras de estimular sua própria intuição. Não hesite em acrescentar algo que lembrar mais tarde – mas coloque hora e data ao lado, deixando claro que é um adendo ao registro original. Você pode achar útil segurar o cristal com o qual você trabalhou enquanto registra as suas impressões e voltar a ele vários dias depois, sentando-se tranquilamente e segurando-o por alguns minutos para ver se surgem novas impressões.

Glossário de termos

Você encontrará muitos termos da cristaloterapia à medida que ler este livro; familiarizar-se com eles ajudará você a obter mais dos exercícios.

Ancoramento/ancorado

Ancorar energias ao solo, estar plenamente conectado ao corpo físico e ao solo em que você caminha.

Aura/Corpo sutil

Campo bioenergético sutil envolvendo o corpo físico, que pode ser sentido pela intuição. A aura carrega informações sobre emoções, bloqueios, pensamentos e traumas.

Chakra

Ponto de ligação entre a energia sutil e o corpo físico. O mau funcionamento dos chakras leva à *doença* energética física, emocional, mental e espiritual.

Corpo de luz

Corpo de energia sutil que vibra em alta frequência. Um veículo para o *Espírito*.

Crise de Cura

Alguns cristais podem liberar rapidamente as causas subjacentes da *doença*, piorando temporariamente seus sintomas (catarse). Caso isso ocorra, remova o cristal e se reequilibre segurando o Quartzo Enfumaçado ou qualquer outro cristal apropriado.

Cristal

Todas as pedras, gemas e minerais em estado bruto, não importa se têm estrutura cristalina.

Doença energética

Manifestação final do desequilíbrio ou angústia no âmbito espiritual, ambiental, psicológico, kármico, emocional e mental.

Duplo etérico

Padrão, programa ou grade de energia sutil, a partir do qual o corpo físico é construído. Ele carrega informações de vidas passadas, atitudes anteriores, traumas ou feridas e crenças ancestrais.

Espírito / Fonte

Veja *O Todo*.

Eu

A parte superior e ampliada do ser, que não está totalmente encarnada no corpo físico e que pode acessar outras vidas, dimensões e a totalidade do ser.

Fazer a jornada
Quando a consciência deixa o cotidiano e viaja por várias dimensões e locais.

Grades/gradeamento/*disposição*
Colocação de cristais ao seu redor ou ao redor de uma construção para trazer equilíbrio, energização ou proteção.

Healing
Trazer o corpo e suas energias sutis, a mente, o espírito e as emoções de volta ao equilíbrio em todos os níveis. O *healing* não implica cura.

Memória celular
Informação genética ou de vidas passadas codificada nas células.

Meridianos
Canais de energia sutil que irradiam através do corpo físico e podem ser acessados através dos pontos de acupuntura.

O Todo
Espírito, a Fonte, o Divino. A soma total de tudo que existe.

Stress geopático
Energia negativa carregada pelo solo, gerada pela água, stress eletromagnético e outros distúrbios.

Vibração / ressonância superior
Vibração mais refinada e pura que normalmente ressoa mais rápido. Existe no solo, no corpo físico ou em outras dimensões.

Aglomerado de Celestita

Esfera de Ônix

COMO ESCOLHER UM CRISTAL?

Sua coleção de cristais

Sempre é bom manter uma seleção de cristais prontos para uso; a Lista de Cristais nas páginas 26-32 ajudará você a identificar os que você já tem. Também mostrará os que faltam em sua coleção.

Você pode escolher cristais lapidados ou brutos – e por que não ambos? Os lapidados são melhores para colocar sobre o corpo e os brutos, no ambiente. Você não precisa comprar cristais para acrescentá-los à sua coleção, pois também pode usar os que encontrar na natureza, como a pederneira, que tem sido usada na cura há milhares de anos, ou seixos de Quartzo Neve de uma praia ou rio. Se você sentir aversão a algum cristal ou cor, vá às páginas 118-19 para descobrir por quê.

Seria bom colecionar várias cores e formas diferentes (ver páginas 54-64), porque cada uma tem propriedades e associações com chakras específicos (ver páginas 82-8). Mas, à medida que você estudar este livro, descobrirá outros cristais que ressoam com você e com seus chakras.

Este exercício é adequado para Todos os cristais em sua coleção atual.

Trabalhe com seus cristais agora Para descobrir os cristais de sua coleção e sua finalidade, vá ao Exercício 1: Como Identificar seus Cristais, na página 34.

Como escolher um cristal

Há três maneiras principais de escolher um cristal: racionalmente, intuitivamente e por meio de radiestesia. Os três métodos funcionam com qualquer cristal. A energia do cristal é sutil, mas quando você entra em sintonia com ele e se concentra nele, pode rapidamente reconhecer o cristal certo para você. Não se esqueça de anotar todos os cristais escolhidos nas páginas 35-9.

Escolha racional de um cristal

Escolha um cristal racionalmente procurando a propriedade desejada na Lista de Cristais nas páginas 26-32 ou nos índices dos volumes de *A Bíblia dos Cristais* ou do *Crystal Prescriptions*. Então vá a uma loja ou compre on-line o cristal adequado. Depois de comprar vários cristais, ainda precisará escolher exatamente aquele com o qual trabalhará em cada ocasião. Para isso é bom você abrir sua intuição e ouvir o cristal que está chamando você ou tentar a radiestesia.

Escolha intuitiva de um cristal

Ouvir um cristal "falar" com você significa abrir os olhos e ouvidos interiores e descobrir com o coração, mais que racionalmente, qual deles gostaria de trabalhar com você. Você pode fazer isso em casa, usando sua coleção, ou em uma loja de cristais. Relaxe e tranquilize sua mente, então escolha o cristal sobre o qual seus olhos pousam primeiro, aquele que parece se colar aos seus dedos ou aquele que você percebe de repente estar segurando enquanto passeia pela loja. Quando você se conecta com a vibração do cristal, pode se sentir formigar, sua própria energia dar um salto – como um choque elétrico – ou desacelerar e diminuir. O cristal pode pulsar em sua mão ou você pode realmente ouvir a nota musical correspondente ao cristal.

 Este exercício é adequado para Qualquer cristal em sua coleção ou loja de cristais.

 Trabalhe com seus cristais agora Para usar a radiestesia com os dedos, vá ao Exercício 2: O Que os seus Dedos Dizem? Na página 40.

Como escolher o seu cristal por meio da radiestesia com os dedos

Este é um método excelente para escolher um cristal. Ele usa a habilidade inata do corpo em dizer o que é bom para você e o que não é.

Comece unindo seu polegar e indicador como na figura (use seu instinto para escolher a mão certa).

Passe o outro indicador e polegar pelo buraco formado por seus dedos e una-os. Segure esse elo sobre um cristal e pergunte se ele é benéfico para você.

Puxe com firmeza. Se o elo se abrir, a resposta é não. Do contrário, a resposta é sim. Lembre-se de registrar os resultados nas páginas 35-9.

Como limpar, ativar e guardar os cristais

Muitas pessoas perguntam por que os cristais não funcionam com elas e por que se sentem deprimidas quando seguram algum deles. Frequentemente é porque não pediram ao cristal que trabalhe com elas ou não entraram em sintonia com sua frequência energética individual. Mais provável ainda é que ele não tenha sido limpo antes do uso. Os cristais captam as vibrações de qualquer pessoa que os segure e também absorvem energia negativa. Então, se você não os limpar, captará vibrações negativas e não sentirá os benefícios que um cristal purificado pode trazer.

Como limpar os cristais

Você pode limpar e recarregar a maioria dos cristais colocando-os na água corrente por alguns minutos e depois ao sol por algumas horas. A água natural, como de um riacho ou do mar é melhor (coloque cristais pequenos em uma bolsa para evitar que sejam levados pela correnteza). Você também pode usar água da torneira. Se não houver sol, visualize luz branca brilhante irradiando do alto sobre eles. É melhor limpar cristais frágeis, em camadas ou quebradiços colocando-os sobre arroz integral por uma noite. Também podem ser colocados sobre um aglomerado grande de Quartzo ou Cornalina. As pedras brancas gostam de se recarregar à luz da Lua. Sempre limpe seus cristais antes e depois de usá-los para cura.

Como ativar os cristais

Feche seus olhos e se concentre nos cristais. Veja-os rodeados por luz branca e brilhante. Peça que entrem em sintonia com sua própria frequência individual e que sejam ativados para agir para um bem maior. Peça a eles que sejam abençoados pelas energias superiores do universo e que se dediquem à sua autocura e à cura do ambiente ao seu redor.

Como guardar os cristais

Um saco de pano é um bom local para guardar pedras roladas, mas pedras mais delicadas podem ser envolvidas em um tecido ou colocadas em uma prateleira. Não se esqueça de que os cristais absorvem a energia negativa do ambiente e precisam de limpeza regular.

> **Este exercício é adequado à** Limpeza, que é essencial a todos os seus cristais.

Trabalhe com seus cristais agora Para realizar a limpeza e ativação completa dos cristais, vá ao Exercício 3: A Grande Limpeza dos Cristais, nas páginas 42-3.

De quais cristais você precisa?

Eu escolhi cuidadosamente os cristais na Lista de Cristais nas páginas 26-32 para cobrir um amplo espectro de cores e propriedades e porque são relativamente baratos e fáceis de achar. Essa é uma boa coleção inicial. No entanto, acrescente seus próprios cristais favoritos a essa lista; a lista não deve ser definitiva. Quando tiver reunido e limpado seus cristais (ver páginas 22-3) você pode começar com os exercícios práticos.

Quando tiver mais experiência, você poderá trabalhar com os cristais de vibrações superiores, que estão enumerados em uma lista separada nas páginas 212-17. Você pode atrair para você mais desses seres belos, incríveis e elevadores de consciência do que os que estão nessas páginas. Verifique cuidadosamente as propriedades dos cristais de alta vibração, porque eles tendem a entrar em sintonia com determinadas frequências ou vibrações que devem se misturar com suas próprias emanações energéticas. Se você não conseguir se conectar a um cristal, tente outro e volte ao anterior mais tarde.

 ➤ Este exercício é adequado para Qualquer cristal em sua coleção.

 Trabalhe com seu cristal agora Para se preparar para passar tempo com o cristal, vá ao Exercício 4: Como Entrar em Sintonia com os seus Cristais, na página 44.

 Ainda não cheguei lá Se você ainda não aprendeu a limpar ou ativar um cristal, volte às páginas 22-3.

LISTA DE CRISTAIS

Pedra de Sangue (trigonal; vermelha e verde)
Um excelente curador geral, estimula ou seda o sistema imunológico conforme a necessidade e tem sido usada por milhares de anos para curar os rins e o sangue. Instila coragem e altruísmo e ajuda você a agir no momento presente.

Halita (cúbica; rosa, branca ou azul)
Ótima para a limpeza física e emocional, ajuda na purificação espiritual e no desprendimento. Produz equilíbrio metabólico e celular e, diminuindo a retenção de água, auxilia nos problemas de pele e desintoxicação. Ajuda a superar a raiva, o abandono e a rejeição e instila a satisfação. Hidrossolúvel.

Quartzo Rosa (trigonal; rosa)
Um cristal do amor e perdão incondicional, acalma e dissolve gentilmente a negatividade ou a dor do luto. Perfeito para a cura emocional, ele produz a transformação necessária e é excelente para o sistema circulatório e respiratório. Instila a compaixão e a empatia e ajuda a superar a perda.

Granada (cúbica; vermelha, verde, laranja)
Um cristal poderoso de energização e regeneração, especialmente para os chakras, o metabolismo e a libido, é um estimulante sexual, removendo inibições. Também pode ser usado para purificação e cura do sangue e da circulação. Libera a raiva e fortalece o instinto de sobrevivência.

Halita Quartzo Rosa

Granada Pedra de Sangue

Jaspe (trigonal; todas as cores)
Disponível em muitas cores, padrões e formas, oferece apoio no stress e induz a tranquilidade. Alinha os chakras e facilita as jornadas. É tradicionalmente usado para proteção e apoio ao sistema circulatório e órgãos digestivos e sexuais. Encoraja a determinação, a capacidade de organização e a honestidade para consigo mesmo.

Cornalina (trigonal; vermelha, rosa e laranja)
Um cristal para a prosperidade e a vitalidade. Estimula a presença total. Um protetor útil, especialmente contra a raiva dos outros, tem sido tradicionalmente usado para ajudar os órgãos reprodutores e o sistema circulatório e para aumentar a fertilidade. Instila coragem, aperfeiçoa as habilidades analíticas e ajuda você a superar o abuso.

Âmbar (sem forma; amarelado, amarronzado, verde)
Um cristal de cura e proteção usado desde a antiguidade, limpa e regenera poderosamente. Alivia a depressão e ativa a energia mental. Também promove a confiança emocional e estimula a autocura física. Aumenta a autoexpressão e a capacidade de decisão.

Citrina (trigonal; amarela, enfumaçada)
Atrai de forma excepcional a abundância, limpa e revigora poderosamente, aumenta a autoestima e a autoconfiança e promove a alegria. Excelente para a concentração. Aumenta a criatividade e a generosidade.

Calcita (hexagonal; todas as cores)
Um purificador útil, amplifica a energia e alivia o stress. Disponível na maioria das cores, promove a inteligência

Cornalina

Âmbar

Jape Azul

Citrina

emocional, a esperança e a motivação, ajudando a combater a preguiça. Instila discernimento e serenidade.

Aventurina (trigonal; verde, azul, pêssego)
Excepcionalmente útil para bloquear o stress geopático e a neblina geomagnética. A Aventurina Verde impede que vampiros psíquicos suguem sua energia. Tem sido usada tradicionalmente para atrair prosperidade e ajuda a descobrir possibilidades alternativas. Instila compaixão e liderança e acalma a raiva.

Ágata Musgo (trigonal; verde e azul)
Um cristal de grande estabilidade que estimula a fertilidade. É um excelente protetor energético geral e purificador de ambiente. Um cristal do recomeço, que fortalece traços positivos da personalidade e que tem sido usado para auxiliar no parto. Ajuda os intelectuais a acessarem seus sentimentos e os emocionais a conquistarem objetividade.

Malaquita (monoclínica; verde)
Traz os problemas e a negatividade rapidamente à superfície. Absorve toxinas emocionais e ambientais. Um cristal de transformação, ajuda nas jornadas interiores e detecta claramente qualquer bloqueio no crescimento espiritual. A intensidade da Malaquita atinge o núcleo do problema e acessa a sombra. Estimula a coragem de correr riscos e liberta de padrões obsoletos.

Peridoto (ortorrômbico; verde)
Um cristal protetor da aura; tradicionalmente acreditava-se que repelia espíritos maus. É útil para remover bagagens

Calcita Aventurina Ágata Musgo Malaquita

antigas ou obsessões e libertar da culpa, do ciúme e do stress. Instila clareza emocional e ensina a perdoar.

Jade (monoclínico; todas as cores)
Uma das pedras antigas da prosperidade e proteção. Enche a alma de serenidade e tem sido usada tradicionalmente para curar os rins e equilibrar os fluidos no corpo. Inspira sonhos, estimula ideias e instila a autossuficiência.

Crisocola (monoclínica/ortorrômbica; azul-esverdeada)
Um cristal tranquilo, ajuda na meditação, na comunicação espiritual, na aceitação serena de situações definitivas e a se manter em silêncio na hora certa. Aumenta a autoconsciência e autoconfiança, promovendo a confiabilidade e o sangue-frio.

Turquesa (triclínica; azul-esverdeada)
Altamente valorizada desde a antiguidade como excelente curadora e protetora, consola a alma. Útil na resolução de problemas, promove a autorrealização e alivia sentimentos de vitimização ou de autossabotagem. É útil para fortalecer os meridianos e para aliviar câimbras e dor.

Ágata Rendada Azul (trigonal; azul)
Ótima para curar a garganta, a tireoide e os olhos, acalma e consola, trazendo paz interior. Transmuta raiva, infecção e inflamação, ajuda a expressar pensamentos com clareza e a expressar os sentimentos. Todas as Ágatas estimulam a função mental, diminuem a confusão e ajudam a superar a amargura.

Periodoto   Jade   Crisocola   Turquesa

Cianita (triclínica; azul, preto)
As estrias da tranquilizadora Cianita transmitem e atraem poderosamente a energia. Útil para se lembrar de sonhos e para transições de qualquer tipo, limpa os meridianos e as linhas energéticas e acaba com a falsidade. Dissipa ilusões e frustrações e aumenta a capacidade de pensamento lógico e linear.

Lápis-lazúli (cúbico; azul e dourado)
Útil para tratar a garganta e o terceiro olho, cura problemas associados ao "engolir sapos". Ajuda a acessar o propósito da vida, pois harmoniza todos os níveis do ser. Ajuda a assumir a responsabilidade por sua vida e traz um profundo autoconhecimento.

Sugilita (hexagonal; roxa)
Uma das pedras principais do amor, mostra como viver sua própria verdade. Ótima para curar dislexia e traumas, é especialmente útil em desajustes. Ajuda a superar choques, decepções e desapontamentos. Um cristal adequado para grupos, pois dissipa a hostilidade e instila o perdão. Ajuda a enfrentar verdades emocionais desagradáveis e a superar seu efeito.

Ametista (trigonal; roxa)
Um cristal altamente protetor, age como um tranquilizante natural, equilibrando os picos emocionais e combatendo o stress geopático. Útil para ativar os hormônios, ajuda os estímulos neurais a

Ágata Azul Rendada   Cianita   Lápis-lazúli   Sugilita percorrerem o cérebro. Facilita a tomada de decisões e ajuda você a se libertar, se integrar e a estabelecer metas realistas.

Fluorita (cúbica; na maioria das cores)
Útil para curar viroses e tradicionalmente usado para fortalecer os ossos e os dentes. Evita a doença causada por stress eletromagnético e dissolve padrões fixos; ajuda a discernir quando influências externas afetam o comportamento. Também funciona na dissolução de ideias fixas, capacitando a enxergar o quadro mais amplo. Remove a ilusão e revela a verdade.

Quartzo (trigonal; branco)
Uma das pedras mais energéticas no planeta e um excelente curador geral, conserva e amplifica ou libera energia, dependendo da necessidade. Em suas várias formas, ele funciona em nível adequado ao usuário. Um armazenador natural de informações, ajuda na concentração. Seus diferentes tipos oferecem um amplo espectro de qualidades.

Apofilita (tetragonal; branca)
Um excelente ativador da intuição e da visão espiritual, é um transmissor vibracional poderoso. Promove a introspecção e o discernimento sobre as causas de determinado comportamento ou doença. Pode ser útil para o Reiki. Alivia a apreensão, capacita a tolerar a incerteza e a tomar decisões pelo espírito e não pelo ego. Ajuda a superar a ansiedade.

Hematita (trigonal; vermelha, prateada, quando polida)
Uma das pedras de ancoramento mais poderosas, harmoniza corpo, mente e

Ametista

Fluorita Roxa

Quartzo

Apofilita

espírito. Muito yang, equilibra os meridianos, ajuda a concentrar e combate a sensação de vulnerabilidade. Excelente para transmitir autoconfiança e para aumentar a força de vontade.

Quartzo-enfumaçado (trigonal; marrom-acinzentado)
Um excelente ancorador e desintoxicante, é útil para a proteção, especialmente contra o stress geopático. Alivia a depressão e ajuda a aceitar o corpo físico, aumentando a virilidade e a potência. Ajuda o usuário a se sentir mais à vontade no corpo e na concretização de seus sonhos. Promove o pensamento positivo e pragmático.

Turmalina (trigonal; a maioria das cores)
Um excelente cristal contra ataques psíquicos. A Turmalina Preta, também protege contra o stress geopático ou a inquietação ambiental. Outras cores oferecem uma ampla gama de opções de cura, especialmente de disfunções emocionais. Ajuda a encontrar soluções para problemas específicos e a compreender a si mesmo e aos outros.

Hematita

Quartzo-enfumaçado

Turmalina

EXERCÍCIOS: COMO ESCOLHER E LIMPAR OS CRISTAIS

Os exercícios seguintes ajudarão você a conhecer os cristais, suas propriedades e qualidades, bem como a guardá-los, mantê-los em sua melhor forma energética e a abrir a intuição para eles. Lembre-se de registrar suas experiências nos espaços fornecidos a cada exercício.

Que cristais fazem parte da sua coleção?

Este exercício ajuda você a descobrir os cristais que tem em sua coleção e sua finalidade. Você também poderá rastrear as descobertas adicionais que fizer enquanto explora seus cristais em atividades mais adiante. Lembre-se de datar todas as observações.

Exercício 1 COMO IDENTIFICAR SEUS CRISTAIS

- **Como usar a Lista de Cristais** nas páginas 26-32 ou *A Bíblia dos Cristais* Volumes I e II, identifique cada cristal em sua coleção e registre-o nos espaços nas páginas 35-9.

- **Anote as propriedades conhecidas dos cristais** e qualquer efeito que você tenha observado quando estiver segurando ou trabalhando com ele. Há espaço para escrever as novas descobertas que você fizer ao longo da leitura deste livro.

- **Date o registro** para rastrear seu conhecimento e impressões à medida que se aprofundam.

- **Quando acrescentar novos cristais à coleção**, não se esqueça de registrá-los, bem como qualquer forma ou cor diferente dos cristais básicos, como Jaspe ou Quartzo.

Minha coleção de cristal

Cristal _____

Data da primeira vez em que trabalhei com ele _____ Hora _____

Propriedade/efeitos _____

_____

Descobertas _____

_____

_____ Data _____

Cristal _____

Data da primeira vez em que trabalhei com ele _____ Hora _____

Propriedade/efeitos _____

_____

Descobertas _____

_____

_____ Data _____

Cristal _____

Data da primeira vez em que trabalhei com ele _____ Hora _____

Propriedade/efeitos _____

_____

Descobertas _____

_____

_____ Data _____

Cristal _____

Data da primeira vez em que trabalhei com ele _____ Hora _____

Propriedade/efeitos _____

_____

Descobertas _____

_____

_____ Data _____

Cristal _____

Data da primeira vez em que trabalhei com ele _____ Hora _____

Propriedade/efeitos _____

_____

Descobertas _____

_____

_____ Data _____

Cristal _____

Data da primeira vez em que trabalhei com ele _____ Hora _____

Propriedade/efeitos _____

_____

Descobertas _____

_____

_____ Data _____

Cristal _____

Data da primeira vez em que trabalhei com ele _____ Hora _____

Propriedade/efeitos _____

_____

Descobertas _____

_____

_____ Data _____

Cristal _____

Data da primeira vez em que trabalhei com ele _____ Hora _____

Propriedade/efeitos _____

_____

Descobertas _____

_____

_____ Data _____

Cristal _____

Data da primeira vez em que trabalhei com ele _____ Hora _____

Propriedade/efeitos _____

_____

Descobertas _____

_____

_____ Data _____

Cristal _____

Data da primeira vez em que trabalhei com ele _____ Hora _____

Propriedade/efeitos _____

_____

Descobertas _____

_____

_____ Data _____

Cristal _____

Data da primeira vez em que trabalhei com ele _____ Hora _____

Propriedade/efeitos _____

_____

Descobertas _____

_____

_____ Data _____

Cristal _____

Data da primeira vez em que trabalhei com ele _____ Hora _____

Propriedade/efeitos _____

_____

Descobertas _____

_____

_____ Data _____

Cristal _____

Data da primeira vez em que trabalhei com ele _____ Hora _____

Propriedade/efeitos _____

_____

Descobertas _____

_____

_____ Data _____

Cristal _____

Data da primeira vez em que trabalhei com ele _____ Hora _____

Propriedade/efeitos _____

_____

Descobertas _____

_____

_____ Data _____

Cristal _____

Data da primeira vez em que trabalhei com ele _____ Hora _____

Propriedade/efeitos _____

_____

Descobertas _____

_____

_____ Data _____

Como usar sua intuição

Este exercício ajuda você a descobrir que cristais estão chamando você ou quais deles gostariam de trabalhar com você. Se você já usa o pêndulo radiestésico, faça isso, ou explore a técnica de radiestesia com os dedos.

 Exercício 2: O QUE OS SEUS DEDOS DIZEM?
CD FAIXA 3 (OPCIONAL)

- **Você precisará** de uma seleção de cristais (já limpos, ver páginas 22-3).
- **Colocando o dedo em um cristal** de cada vez, pergunte: "Esse é o melhor cristal para eu trabalhar agora?" Se você tiver uma meta específica, declare-a também.
- **Junte o dedo indicador e o polegar** como mostrado na página 21 e faça o mesmo com a outra mão e puxe. Se o elo ficar firme, a resposta é sim. Se não se mantiver, selecione outro cristal e repita o processo.
- **Faça um registro dos cristais** que reagiram positivamente à sua pergunta e à sua meta específica.
- **Para ampliar o exercício,** vá a uma loja de cristais e use a radiestesia com os dedos até achar os cristais benéficos para você depois de limpos. Você também pode mergulhar a mão em uma bacia de cristais rolados e ver quais "se prendem" a seus dedos. Agora registre suas experiências no espaço fornecido.

O que os meus dedos me dizem:

Cristal _____

Data _____ Hora _____

Objetivo _____

_____

Resultado _____

_____

Cristal _____

Data _____ Hora _____

Objetivo _____

_____

Resultado _____

_____

Cristal _____

Data _____ Hora _____

Objetivo _____

_____

Resultado _____

_____

Como limpar e ativar os cristais

Faça este exercício antes de usar os cristais de sua coleção pela primeira vez e repita-o sempre que acrescentar um novo cristal ou trabalhar em um dos exercícios. É especialmente importante limpar seus cristais depois de um trabalho de cura.

Exercício 3 A GRANDE LIMPEZA DOS CRISTAIS

- **Você precisará** dos cristais de sua coleção, um recipiente com arroz integral cru, água corrente, uma bolsa de tela, um pano para secar.

- **Em um dia de sol junte** todos os seus cristais. Separe-os em duas pilhas: os robustos, rolados, lapidados ou as pedras brutas; e os cristais delicados, em camadas, os aglomerados e os hidrossolúveis.

- **Coloque as pedras delicadas** no recipiente com arroz e deixe-as por várias horas (ou durante a noite). Enquanto isso, peça que os cristais sejam limpos e purificados.

- **Se possível, leve os cristais mais robustos** para um local da natureza em que haja água corrente ou use água mineral. Coloque-os diretamente na água, ou dentro da bolsa de tela, se houver o risco de serem levados pela correnteza. Enquanto isso, peça que os cristais sejam limpos e purificados.

- **Seque cuidadosamente os cristais molhados** e coloque-os ao sol por tanto tempo quanto possível para revitalizá-los e recarregá-los (pedras brancas gostam de ser colocadas à luz da lua também). Se possível, coloque os cristais diretamente no solo ou sobre uma rocha durante esse período de recarga.

- **Segure os cristais limpos nas mãos** ou coloque-as sobre eles, se eles forem grandes demais. Visualize-os envoltos em luz branca brilhante e peça que eles trabalhem para o bem maior de qualquer um que entre em contato com eles.

- **Espere um momento até que eles se ajustem** à sua ressonância única e entrem em harmonia com sua energia.

- **Se você tiver uma tarefa específica para os cristais,** como cura e proteção, peça agora, mas não limite seu pedido; sempre acrescente "ou algo melhor" e/ou "qualquer coisa que o cristal deseje me oferecer".

Minha experiência de limpeza dos cristais

Data _____ **Hora** _____

Cristais _____

Minha experiência _____
_____

Notei alguma diferença nos cristais depois de terem sido limpos? _____
_____

Notei alguma diferença depois de terem sido ativados? _____
_____

Descobri claramente que o cristal pode me ajudar de alguma maneira? _____
_____

Como entrar em sintonia com os seus cristais

Este exercício ajuda você a sintonizar suas vibrações com as de um cristal para se tornar mais sensível à energia dele. Você pode usar a faixa do CD para conhecer qualquer cristal em sua coleção e experimentar sua energia; trabalhe com um cristal limpo e ativado (ver páginas 22-3) por vez. O CD leva você a um estado de relaxamento, faz com que você entre em sintonia com o cristal, oferece tempo para meditação e tira você do estado meditativo. Após cada sintonia, anote todas as sensações físicas, pensamentos ou emoções que tiver. Lembre-se de acrescentar todas as novas propriedades que descobrir nos registros do cristal nas páginas 34-9.

Exercício 4 COMO ENTRAR EM SINTONIA COM OS SEUS CRISTAIS

CD FAIXA 2
PARA SEGUIR O ROTEIRO, VÁ ÀS PÁGINAS 244-45

- **Você precisará de:** um cristal limpo e ativado de sua coleção.

- **Sente-se tranquilamente, segurando o cristal.** Respire suavemente, relaxe e concentre-se no cristal. Declare a intenção de conhecê-lo melhor e de sentir sua energia.

- **Agora, focalize aos poucos o cristal.** Observe sua forma, cor e tamanho. Percorra com os olhos seus contornos e crateras. Se ele tiver uma "janela", olhe dentro dela. Sinta o peso dele em sua mão. Sinta suas vibrações e sua ressonância energética. Você pode sentir a energia do seu próprio corpo dar um salto ou formigar — como se você estivesse levando um choque. Ela também pode desacelerar ou pulsar, quando você se conecta com o cristal. Deixe que a energia do cristal flua pelos braços e penetre no coração e na mente, revelando-se para você.

- **Observe se o cristal faz contato** com alguma parte específica do seu corpo. Se quiser, guie a energia através de um dos seus chakras (ver páginas 82-3) e observe se isso provoca em você alguma resposta energética.

- **Se o cristal for transparente ou translúcido,** olhe para o centro dele, através da superfície exterior, e siga os planos e a paisagem que existem ali. A energia do cristal é sutil, então reserve bastante tempo para entrar em sintonia com suas vibrações.

- **Quando se sentir pronto, largue o cristal** e desfaça conscientemente o contato com as energias dele. Abra os olhos e volte a atenção para o seu ambiente. Concentre-se em seus pés e sinta o contato com o chão. Sinta o seu quadril em contato com o assento, sustentando o peso de seu corpo. Visualize uma bolha de proteção à sua volta. Quando estiver pronto, levante-se e movimente-se. Em seguida, registre por escrito suas impressões no espaço fornecido no livro.

Nota: Tente usar a mão esquerda e a direita separadamente para sentir a energia, pois uma delas pode ser mais receptiva que a outra. Nesse caso, use essa mão nos exercícios futuros.

Minha experiência de sintonia com o cristal

Cristal _____

Data _____ **Hora** _____

Minha experiência _____

_____

_____

Minhas sensações físicas _____

_____

Minha mão receptiva _____

Minhas conexões com os chakras _____

_____

_____

Meus pensamentos _____

_____

_____

Minhas emoções _____

_____

_____

Minha compreensão intuitiva do que o cristal oferece _____

_____

_____

Minha experiência de sintonia com o cristal

Cristal _____

Data _____ **Hora**_____

Minha experiência_____
_____
_____

Minhas sensações físicas _____
_____

Minha mão receptiva _____
Minhas conexões com os chakras _____
_____
_____

Meus pensamentos_____
_____
_____

Minhas emoções_____
_____
_____

Minha compreensão intuitiva do que o cristal oferece _____
_____
_____

Minha experiência de sintonia com o cristal

Cristal _____

Data _____ **Hora** _____

Minha experiência _____
_____
_____

Minhas sensações físicas _____
_____

Minha mão receptiva _____

Minhas conexões com os chakras _____
_____
_____

Meus pensamentos _____
_____
_____

Minhas emoções _____
_____
_____

Minha compreensão intuitiva do que o cristal oferece _____
_____
_____

TUDO SOBRE CRISTAIS

O que é um cristal?

Quando a maioria das pessoas escuta a palavra "cristal", pensa em gemas brilhantes, quando, na verdade, cristal é um corpo de formato geometricamente regular e repetido dotado de uma estrutura interna. Para curar, todos os tipos de pedras – incluindo a pederneira, os meteoritos e as resinas solidificadas, como o Âmbar – são denominados cristais, não importa se são gemas, pedras semipreciosas, pedaços de rocha ou substâncias amorfas.

Como os cristais funcionam?

Ninguém sabe exatamente. Fala-se de ressonâncias de cor entre os cristais e os chakras (ver páginas 88-9), dos efeitos da luz e da energia em nosso corpo e do fato de ele conter um enorme volume de água que conduz as vibrações. Mas por que os cristais funcionam dessa maneira é algo que precisamos deixar que a física quântica explique – e ela sugere que ondas e partículas são a mesma coisa e que podem estar em dois lugares ao mesmo tempo. O que sabemos, porém, é que, apesar de sua aparência ser estática, os cristais formam uma massa turbulenta de energia em seu interior, com minúsculas partículas vibrando ao redor dos núcleos atômicos. Com certeza devem emitir e absorver energia, e essa energia pode ser medida e experimentada.

Os antigos acreditavam que tudo na terra e no céu era manifestação do divino, e que os cristais eram a carne dos deuses. Por isso eles eram usados para atrair as atenções benevolentes – ou repelir as intenções malevolentes – desses deuses. As pessoas acreditavam no conceito de "assim em cima como embaixo" e nas correspondências e semelhanças. Essa teoria sugere que há uma ordem ressonante em todo o universo e que qualquer partícula dele pode ser usada para trazer harmonia ao todo, especialmente quando há uma semelhança entre as duas partes.

Apesar de ter vindo do espaço sideral e não ter uma estrutura cristalina, a Moldavita é considerada um cristal.

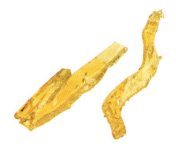

A semelhança da Magnesita com um osso fez com que os antigos a usassem para curar ossos e dentes.

A semelhança da Zincita com cristais de urina fez com que um terapeuta moderno sugerisse seu uso para infecções urinárias.

 Este exercício é adequado para Qualquer cristal ou rocha.

 Trabalhe com seus cristais agora Para experimentar a energia de cristais muito diferentes, vá ao Exercício 5: Sinta-me, na página 66.

 Ainda não cheguei lá Toque a faixa do CD até conseguir relaxar e se concentrar, entrando em sintonia com a energia do cristal.

A forma e a cor são importantes?

Com certeza! Tanto cor como forma podem afetar o fluxo de energia e o trabalho de cura de um cristal; entrar em sintonia com formas e cores específicas ajuda a conhecer melhor as maneiras pelas quais os cristais querem trabalhar com você. Cor e forma podem ser modificadas artificialmente, afetando a maneira como as energias subjacentes se manifestam.

As cores dos cristais

Em sua forma primordial, muitos cristais podem ser encontrados em várias cores. A cor vem dos minerais e impurezas incorporadas quando o cristal é criado ou superaquecido, apesar de alguns serem artificialmente coloridos ou corrigidos pelo calor para produzir uma cor diferente – por exemplo, a Ametista ou o Quartzo-enfumaçado são aquecidos para formar o Citrino ou a Prasiolita, e a Turquesa do Mohave é tingida de roxo escuro. Como um guia geral, as cores mostradas a seguir têm efeitos ou propriedades específicas. No entanto, não deixe que ele limite o que um cristal específico pode fazer por você.

As formas dos cristais

A grade interna de um cristal define o sistema a que ele pertence e afeta o movimento da energia através dele. Essa estrutura interna e a replicação precisa de face-

 Estes exercícios são adequados a Todas as cores e formas de cristal.

 Trabalhe com seus cristais agora Selecione as cores e formas dos cristais que quiser experimentar e vá ao Exercício 6: Qual a sua Cor? Na página 70 ou ao Exercício 7: Qual a sua Forma? Na página 74.

 Ainda não cheguei lá Estude as formas dos cristais em sua coleção e compare-os com os das páginas 58-61 para poder rapidamente identificar as formas diferentes.

tas e ângulos é sempre a mesma, independentemente de sua forma exterior – então não importa se o cristal é bruto ou lapidado, perfeito ou lascado; ele ainda tem o mesmo efeito curativo. Alguns poucos cristais que se formaram rapidamente, como a Obsidiana e a resina Âmbar não possuem grade interna (ver páginas 63-4). Apesar dessa ausência de estrutura, o fluxo da energia do cristal também é mediado por sua forma externa, seja ela natural ou definida por corte ou polimento (ver páginas 58-61). Se você é um iniciante, é mais fácil começar a experimentar o fluxo de energia trabalhando com cristais lapidados antes de avançar para uma grade interna mais sutil de sistemas de cristais (ver páginas 63-4).

Variações dos cristais

Apesar das pedras abaixo e as da página 55 terem aparência diferente, são classificadas como cristais pelos entusiastas. Alguns cristais são formados artificialmente para parecerem diferentes e com objetivos específicos.

Varinha lapidada
Aglomerado de Quartzo
Calcopirita polida
Pederneira polida
Geodo de Calcedônia Vermelha
Pirofilita bruta
Cavansita bruta
Âmbar
Esmeralda facetada

LISTA DE CORES

Quartzo Rosa

Cristais cor-de-rosa Oferecem amor incondicional, alimento e conforto e são excelentes para a cura do coração, liberar o luto, para acalmar e instilar aceitação. Ideais para uso em longo prazo.

Rubi facetado

Cristais vermelhos Estimulam, fortalecem e são ótimos para ativar a criatividade e revitalizar a potência, mas podem excitar demasiadamente emoções voláteis. São tradicionalmente usados para aliviar hemorragias e inflamação. São melhores para uso em curto prazo.

Cornalina

Cristais laranja Ativam, liberam e são úteis para construir estruturas energéticas. Muitos atraem a abundância e estimulam a criatividade.

Cristais amarelos Usados para despertar e organizar, são especialmente ativos em nível mental e no plexo solar. Acalmam e combatem infecções. Úteis para a superação de problemas sazonais.

Citrino

Cristais verdes São usados para acalmar, equilibrar e curar os olhos e o coração. São úteis para sedar a energia ou apaziguar as emoções. Tradicionalmente usados para doenças dos olhos.

Malaquita

Cristais azuis São calmantes e facilitam a comunicação clara e a autoexpressão. Ancoram ou projetam a energia espiritual. Ajudam na intuição e na canalização.

Angelita

Fluorita

Cristais roxos, índigo e lilases Integram, alinham e estimulam poderosamente o despertar espiritual e o serviço aos outros. São úteis para esfriar energias superaquecidas.

Quartzo Neve

Cristais brancos ou transparentes Purificam e concentram, ligando-nos aos reinos superiores do ser. Excelente quando as situações precisam de esclarecimento ou para abrir a intuição e obter revelações.

Olho de Tigre

Cristais cinza, marrons ou pretos Ancoram o corpo físico e desintoxicam de energias negativas; são protetores eficientes. Úteis em grades.

LISTA DE FORMAS

Esfera Emite energia igualmente em toda sua volta. Forma uma janela para se mover através do tempo.

Esfera de Quartzo

Aglomerado Vários pontos ligados a uma base irradiam energia em várias direções.

Aglomerado de Quartzo

Terminação dupla As pontas nas extremidades emitem energia. Quebra padrões antigos.

Bastão de Quartzo com terminação dupla

Zoisita Oval

Oval A ponta suavemente arredondada concentra a energia.

Elestial

Elestial Cristal suavemente dobrado com várias pontas, janelas e planos internos. A energia irradiada flui suavemente, abrindo caminho para revelações e mudanças.

Ponta geradora de Quartzo

Gerador Apresenta um final de seis pontas ou várias pontas hexágonas e irradia igualmente em várias direções. Concentra a energia curativa ou a intenção e aproxima as pessoas.

Geodo Formação oca que amplifica, conserva e libera energia lentamente.

Geodo de Avalonita

Fantasma Tem uma pirâmide pontuda em seu interior. Quebra antigos padrões e eleva as vibrações.

Quartzo-fantasma

De uma ponta Retira a energia quando apontada para fora do corpo, atrai energia quando apontada em direção ao corpo. Útil para limpar e energizar.

Ponta de Ametista

Quadrado Consolida a energia, útil para ancoramento da intenção e aterramento. Os cristais naturalmente cúbicos, como a Fluorita, retiram a energia negativa e a transformam.

Quadrado natural de Fluorita

Cetro de Quartzo

Cetro Cristal formado em torno de uma varinha central. Um instrumento excelente de poder e reestruturação.

Anfibólio rolado

Rolados Pedras suavemente arredondadas, úteis em grades ou para serem usadas no corpo para retirar a energia negativa ou para trazer vibrações positivas.

Cristal Gêmeo

Gêmeos Dois cristais de mesmo comprimento, compartilhando a mesma base. Une as pessoas.

Varinha natural de Quartzo

Varinha Cristais de ponta longa ou naturalmente lapidados nessa forma. Concentram e retiram a energia ou a atraem, dependendo de para onde a apontam. Úteis para unir cristais em um gradeamento.

Sistemas de cristais

Os geólogos e gemólogos dividem os cristais em sete grupos principais, de acordo com sua estrutura geométrica interior: cúbicos, hexagonais, monoclínicos, ortorrômbicos, tetragonais, triclínicos e trigonais. Há ainda uma categoria de cristais amorfa, que não possui estrutura por causa da velocidade com que foram formados. Cada um destes grupos é constituído de uma forma básica, o que não afeta necessariamente sua aparência externa. Os cristais desses grupos são usados em terapias avançadas de cura.

 ➤ **Este exercício é adequado para** Cristais de cada um dos oito sistemas.

 Trabalhe com seus cristais agora Para explorar os sistemas de cristais, vá ao Exercício 8: A Que Sistema Você Pertence? Na página 78.

Observação Este exercício é para praticantes avançados que podem identificar o sistema do cristal e compreendem a utilização de energia.

 Ainda não cheguei lá Se você não souber a qual sistema seu cristal pertence, vá à Lista de Cristais nas páginas 26-32 ou a outros livros de referência. Se você não se sentir pronto para o trabalho avançado, descubra mais sobre o movimento da energia através das formas exteriores dos cristais (ver páginas 58-61) ou vá ao próximo capítulo na página 81 ou aos outros exercícios.

LISTA DE GRUPOS

Granada Almandina

Cúbico (estrutura criada a partir de cubos com eixos em ângulos retos, por exemplo, granada). Estabiliza, ancora, limpa, libera a tensão e estimula a criatividade.

Esmeralda facetada

Hexagonal (estrutura criada a partir de hexagramas tridimensionais, por exemplo, esmeralda)
Organiza e equilibra a energia e oferece apoio; útil para explorar questões específicas.

Selenita polida

Monoclínica (estrutura criada a partir de paralelogramos, por exemplo, selenita). Aumenta a percepção e equilibra os sistemas físicos; excelente para purificação.

Danburita

Ortorrômbica (estrutura criada a partir de romboides, por exemplo, danburita). Limpador eficiente; aumenta o fluxo de informações.

Tetragonal (estrutura criada a partir de retângulos com eixos longos e curtos em ângulos retos, por exemplo, Apofilita). Transforma, abre, harmoniza e equilibra o fluxo de energia; traz resolução.

Pirâmide natural de Apofilita

Triclínica (estrutura formada de trapézios, por exemplo, Labradorita). Protege e abre a percepção, facilitando a exploração de outras dimensões.

Labradorita

Trigonal (estrutura triangular, por exemplo, Turmalina). Concentra e ancora a energia; revigora e protege a aura.

Turmalina

Amorfa (sem estrutura, por exemplo, Obsidiana). A energia flui e age rapidamente; pode ser um catalisador para crescimento ou catarse.

Obsidiana

EXERCÍCIOS COM AS CORES E AS FORMAS

Os exercícios a seguir ajudarão você a compreender as energias e formas dos cristais e a sentir intuitivamente o efeito deles em você e no seu ambiente. Essa energia é sutil e pode não ser sentida exatamente da maneira que você espera. Observe as sensações na pele, no interior do corpo ou na aura, ou ainda em torno da cabeça e dos pés. Os cristais têm sua própria maneira de se comunicar, então apenas relaxe, seja paciente e espere que eles revelem a energia deles. Quanto mais você puder se unir ao cristal, mais consciente estará da energia com a qual você está entrando em sintonia.

Sinta a energia dos cristais

Algumas pessoas sentem imediatamente a energia dos cristais, descrevendo-a como "zunindo", "saltando", "estimulando", ou "aliviando" e "um fluxo de energia". Outros acham que seu humor ou mente são mais sutilmente afetados. Com este exercício, qualquer um pode aprender a sentir a energia do cristal de um modo ou de outro e a diferenciar entre suas várias formas.

Exercício 5 SINTA-ME

CD FAIXA 2 (PARA ACOMPANHAR O ROTEIRO, VÁ ÀS PÁGINAS 244-45)

- **Você precisará** de 4 ou 5 cristais ou pedras ativadas e limpas de várias formas e/ou cores, como, por exemplo, Pederneira, Âmbar, uma gema, um cristal semiprecioso bruto, como o Lápis-lazúli, e um pedaço de Quartzo.

- **Relaxe e coloque a mão** sobre cada cristal sucessivamente e espere até sentir a energia dele. Se conseguir, registre suas descobertas nos espaços fornecidos. Se não, toque a faixa 2 do CD ou repita com a outra mão.

- **Enquanto você segue as instruções** do CD e relaxa, abra o terceiro olho e concentre-se no cristal que está segurando. Sinta sua forma e peso e torne-se uno com o cristal e com as energias que ele ressoa. Ele parece rápido ou lento, quente ou frio?

- **Quando você tiver sentido a energia** de um cristal, pegue outro tipo e repita o processo, observando as diferenças.

- **Finalmente, pouse todos os cristais na mesa,** misture-os e, com os olhos fechados, tente identificar cada um a partir de sua sensação energética. Agora registre suas experiências no espaço fornecido.

Minha experiência com a energia dos cristais

Data _____ **Hora** _____

Cristal 1 _____

Forma _____ **Cor** _____

Como senti a energia do cristal? _____

_____

_____

Como ela me afetou? _____

_____

_____

Ela afetou alguma parte específica do meu corpo? _____

_____

_____

Ela influenciou meu humor? _____

_____

_____

Ela fez vir à tona algum pensamento ou sentimento específico? _____

_____

_____

Cristal 2 _____

Forma _____ **Cor** _____

Como senti a energia do cristal? _____

_____

Como ela me afetou? _____

_____

Ela afetou alguma parte específica do meu corpo? _____

Ela influenciou meu humor? _____

Ela fez vir à tona algum pensamento ou sentimento específico? _____

No que essa experiência foi diferente da com o primeiro cristal? _____

Cristal 3 _____

Forma _____ **Cor** _____

Como senti a energia do cristal? _____

_____

Como ela me afetou? _____

_____

Ela afetou alguma parte específica do meu corpo? _____

Ela influenciou meu humor? _____

Ela fez vir à tona algum pensamento ou sentimento específico? _____

No que essa experiência foi diferente da com o primeiro cristal? _____

Cristal 4 _____

Forma _____ **Cor** _____

Como senti a energia do cristal? _____

_____

Como ela me afetou? _____

_____

Ela afetou alguma parte específica do meu corpo? _____

Ela influenciou meu humor? _____

Ela fez vir à tona algum pensamento ou sentimento específico? _____

No que essa experiência foi diferente da com o primeiro cristal? _____

Cristal 5 _____

Forma _____ **Cor** _____

Como senti a energia do cristal? _____

_____

Como ela me afetou? _____

_____

Ela afetou alguma parte específica do meu corpo? _____

Ela influenciou meu humor? _____

Ela fez vir à tona algum pensamento ou sentimento específico? _____

No que essa experiência foi diferente da com o primeiro cristal? _____

Experiências com as cores

Este exercício ajuda você a compreender o efeito da cor de um cristal e a identificar quais delas funcionam melhor para você, e para você trabalhar com diferentes cores de cristais em vez de comparar apenas as de um tipo. Lembre-se de usar sua mão receptiva.

Exercício 6 QUAL A SUA COR?
CD FAIXA 3 (OPCIONAL)

- **Você precisará** de um cristal limpo e ativado, como Jaspe ou Quartzo, em tantas cores quanto possível, uma mesa e um pano branco.

- **Escolha o cristal de uma cor** e segure-o tranquilamente por um momento. Sinta se ele parece quente ou frio, vivo ou calmante; sinta qualquer efeito que tenha sobre você em nível físico, emocional, mental, áurico ou espiritual. Observe com cuidado se você se sente atraído ou repelido por ele (você poderá trabalhar com isso depois, ver páginas 118-19).

- **Segure o cristal a certa distância** do corpo, então o aproxime e veja o que sente. A energia dele fica mais forte? Seu corpo reage? Seu humor ou padrão de pensamentos se altera?

- **Começando pelo topo da cabeça**, passe o cristal lentamente pela linha mediana do corpo e observe as sensações que tiver.

- **Pare em cada chakra (ver páginas 82-3)** e observe o efeito, se houver, que cada cor ou cristal específico tem sobre aquele chakra.

- **Repita com outra cor.** Quando você tiver trabalhado com cada uma das cores, coloque todos os cristais sobre a mesa em uma base neutra, como, por exemplo, um pano branco. Feche os olhos e misture os cristais várias vezes.

- **Mantendo os olhos fechados**, pegue um cristal por vez e tente dizer a cor. Escreva seus pensamentos no espaço fornecido.

- **Repita o exercício em uma hora diferente** do dia e pratique até poder identificar corretamente cada cor. Não se esqueça de registrar e datar suas observações.

Minha experiência com as cores dos cristais

Cristal _____

Data _____ **Hora** _____

Minha experiência com o vermelho _____

_____

_____

Minha experiência com o laranja _____

_____

_____

Minha experiência com o amarelo _____

_____

_____

Minha experiência com o azul _____

_____

_____

Minha experiência com o verde _____

_____

_____

_____

Minha experiência com o marrom _____

_____

_____

Minha experiência com o prata _____

_____

_____

Minha experiência com o dourado _____

_____

_____

Minha experiência com pedras multicoloridas _____

_____

Como os efeitos das diferentes cores variaram? _____

_____

Que chakras ou partes do meu corpo foram afetados? _____

_____

Elas afetaram meu humor ou padrão mental? _____

_____

Fui capaz de distinguir as cores de olhos fechados? _____

_____

Experiências com as formas

Agora que está mais fácil entender como a energia dos cristais se move e se faz sentir, está na hora de descobrir seus efeitos em você e no seu ambiente.

Exercício 7 QUAL A SUA FORMA?
CD FAIXA 2 OU 3 (OPCIONAL)

- **Você precisará de:** uma esfera de cristal limpa e ativada, um cristal de sete pontas, uma varinha ou ponta longa, um cristal rolado, um geodo, um aglomerado e outras formas cristalinas.

- **Segure cada forma por vez** e entre em sintonia com ela. Sinta como a energia circula no entorno do cristal. Pergunte-se se a energia é atraída para o cristal ou se ela se afasta dele.

- **Afaste e aproxime o cristal** de seu corpo e tente descobrir o efeito de cada forma. Ele afasta e energia de você ou a atrai para você? Ele parece aliviar ou perturbar você?

- **Agora coloque-o em algum lugar** perto de você, talvez em sua mesa de cabeceira. Se ele tiver uma ponta, sinta a diferença de energia de acordo com a posição dela: direcione-a para você e depois para o lado oposto. Entre em sintonia com a sensação que você tem com a presença do cristal ali. Volte-o para direções diferentes, até você se sentir confortável. Se for apropriado, durma a noite inteira com o cristal na posição escolhida e veja se ele provoca alguma diferença em seu sono e seus sonhos. Lembre-se de registrar os resultados.

- **Agora pegue as sete pontas do cristal** e deite-se, colocando-as em volta de sua cabeça, todas apontando para fora. Deixe-as assim por pelo menos 5 minutos para ver como a energia afeta você. Então volte as pontas para você e sinta sua energia por 5 minutos.

- Segurando a varinha de cristal com a ponta para longe de você, gire-o em espiral a partir de cada um de seus chakras (ver página 84). Então volte a ponta para você (limpando-o primeiro, se necessário) e gire-o em espiral para o interior de cada chakra (em qualquer direção que pareça bem a você e depois na direção oposta).

Faça novamente os exercícios usando as mesmas formas, mas tipos diferentes de cristal, e veja como sua energia ou suas sensações se alteram. Agora registre suas experiências no espaço fornecido.

Minha experiência com a forma do cristal

Cristal _____ Formas _____

Data _____ Hora _____

Quando segurei a forma do cristal, senti _____

A energia foi atraída (para dentro ou para fora) _____

Quando apontei o cristal para mim mesmo eu senti _____

Quando apontei o cristal para o lado oposto eu senti _____

Quando o cristal estava perto de mim eu senti _____

Quando girei o cristal senti _____

Ele afetou meu sono e sonhos da seguinte forma _____

Ele me ajudou/não ajudou a me lembrar dos meus sonhos? _____

Quando mudei a forma do cristal, eu senti _____

Cristal _____ Formas _____

Data _____ Hora _____

Quando segurei a forma do cristal, senti _____

A energia foi atraída (para dentro ou para fora) _____

Quando apontei o cristal para mim mesmo eu senti _____

Quando apontei o cristal para o lado oposto eu senti _____

Quando o cristal estava perto de mim eu senti _____

Quando girei o cristal senti _____

Ele afetou meu sono e sonhos da seguinte forma _____

Ele me ajudou/não ajudou a me lembrar dos meus sonhos? _____

Quando mudei a forma do cristal, eu senti _____

Cristal _____ Formas _____

Data _____ Hora _____

Quando segurei a forma do cristal, senti _____

A energia foi atraída (para dentro ou para fora) _____

Quando apontei o cristal para mim mesmo eu senti _____

Quando apontei o cristal para o lado oposto eu senti _____

Quando o cristal estava perto de mim eu senti _____

Quando girei o cristal senti _____

Ele afetou meu sono e sonhos da seguinte forma _____

Ele me ajudou/não ajudou a me lembrar dos meus sonhos? _____

Quando mudei a forma do cristal, eu senti _____

Cristal _____ Formas _____

Data _____ Hora_____

Quando segurei a forma do cristal, senti _____

A energia foi atraída (para dentro ou para fora) _____

Quando coloquei as pontas em direção à minha cabeça eu senti _____

Quando coloquei as pontas para o lado oposto da minha cabeça eu senti _____

Quando mudei o tipo de cristal, eu senti _____

Cristal _____ Formas _____

Data _____ Hora_____

Quando segurei a forma do cristal, senti _____

A energia foi atraída (para dentro ou para fora) _____

Quando apontei o cristal para mim mesmo eu senti _____

Quando apontei o cristal para o lado oposto eu senti _____

Quando girei o cristal em espiral em sentido contrário aos meus chakras eu senti _____

Quando girei o cristal em espiral em direção aos meus chakras eu senti _____

Como explorar os sistemas de cristais

Pode levar tempo para você se conscientizar das energias dos sistemas de cristais, porque eles são mais sutis do que cores ou formas; como não é essencial lembrá-los, este é um exercício para o qual você deve voltar quando se tornar mais sensível aos cristais. Esses sistemas são usados em curas avançadas com cristais, mas você pode sentir as energias deles colocando-os os em seu plexo solar. Primeiro tenha certeza de ter aprendido o básico sobre os sistemas de cristais completando o exercício de identificação abaixo.

Exercício 8 A QUE SISTEMA VOCÊ PERTENCE?
CD FAIXA 3 (OPCIONAL)

- **Você precisará de:** um cristal limpo e ativado de cada um dos oito grupos (ver páginas 63-4 e a Lista de Cristais nas páginas 26-32).
- **Deite-se e coloque um cristal** do primeiro grupo em seu plexo solar por mais ou menos 5 minutos. Observe onde no corpo, na mente, nas emoções, no espírito ou nos chakras você consegue sentir seu efeito.
- **Conscientize-se da energia** fluindo do cristal, através dele ou em direção a ele.
- **Registre os resultados** e repita o exercício com o próximo exemplo de sistema de cristais, até ter experimentado um cristal de cada um dos oito grupos. Se você não entrar em sintonia com um cristal, tente outro.

Minha experiência com sistemas de cristais

Cristal _____ **Sistema** *cúbico*

Data _____ **Hora** _____

Meus pensamentos sobre o efeito desse sistema de cristais _____

A energia fluiu na seguinte direção _____

Cristal _____ **Sistema** *hexagonal*

Data _____ **Hora** _____

Meus pensamentos sobre o efeito desse sistema de cristais _____

A energia fluiu na seguinte direção _____

Cristal _____ **Sistema** *monoclínico*

Data _____ **Hora** _____

Meus pensamentos sobre o efeito desse sistema de cristais _____

A energia fluiu na seguinte direção _____

Cristal _____ **Sistema** *ortorrômbico*

Data _____ **Hora** _____

Meus pensamentos sobre o efeito desse sistema de cristais _____

A energia fluiu na seguinte direção _____

Cristal _____ **Sistema** *tetragonal*

Data _____ **Hora** _____

Meus pensamentos sobre o efeito desse sistema de cristais _____

A energia fluiu na seguinte direção _____

Cristal _____ **Sistema** *triclínico*

Data _____ **Hora** _____

Meus pensamentos sobre o efeito desse sistema de cristais _____

A energia fluiu na seguinte direção _____

Cristal _____ **Sistema** *trigonal*

Data _____ **Hora** _____

Meus pensamentos sobre o efeito desse sistema de cristais _____

A energia fluiu na seguinte direção _____

Cristal _____ **Sistema** *amorfo*

Data _____ **Hora** _____

Meus pensamentos sobre o efeito desse sistema de cristais _____

A energia fluiu na seguinte direção _____

OS CRISTAIS E OS CHAKRAS

Os chakras e a cura

Os chakras são centros de energia localizados no corpo que distribuem a força vital. Eles conectam o corpo físico aos corpos sutis da aura em torno dele e a diferentes dimensões espirituais. Tradicionalmente há sete chakras principais, mas outros estão sendo descobertos (veja páginas 92-6). Cada um deles se relaciona a um cristal e cor específicos (apesar de várias cores terem sido atribuídas aos chakras).

Os diferentes chakras governam aspectos específicos das emoções e do comportamento humano, e o funcionamento de cada um determina se esse aspecto está em harmonia ou em desarmonia. Se um chakra estiver bloqueado, por exemplo, o fluxo de energia sutil se desequilibra e causa doença e desarmonia em nível físico, emocional, mental ou espiritual. É por isso que equilibrar os chakras é essencial para a cura holística.

Para quem consegue vê-los, os chakras giram, parecendo cataventos de luz, e,

apesar do que você possa ler em contrário, não há um sentido "correto". Manchas opacas ou pretas ou um girar que "bamboleia" ou é rápido ou lento demais significam doença em nível físico, emocional, mental ou espiritual, dependendo do chakra. Felizmente, você não precisa "ver" essa doença porque um cristal capta toda desarmonia, corrige e reenergiza o chakra.

Ao colocar o cristal adequado sobre um chakra, você pode corrigir qualquer qualidade negativa ou questão específica ligada ao chakra ou fortalecer suas propriedades positivas (para descobrir essas propriedades ver páginas 84-7). Se você tiver problemas emocionais, mentais ou espirituais ligados a algum chakra específico, sua saúde geral melhorará se você colocar o cristal adequado sobre o chakra e o deixar lá por 20 minutos aproximadamente enquanto relaxa (você pode tocar a faixa instrumental do CD nesse momento).

▶ **Este exercício é adequado para** qualquer cristal escolhido para seus chakras intuitivamente ou por meio de um livro de referência, mas especialmente o Quartzo-enfumaçado, o Jaspe Vermelho, a Cornalina Laranja, o Jaspe Amarelo, a Aventurina Verde, a Ágata Rendada Azul, a Sodalita e a Ametista.

Trabalhe com seus cristais agora Para limpar e recarregar os chakras, vá ao Exercício 9: Limpeza, Recarga e Equilíbrio Total dos Chakras, nas páginas 98-9.

Ainda não cheguei lá Estude as tabelas e diagramas dos chakras nas páginas 84-7 até compreender completamente a relação entre eles e os bloqueios emocionais e mentais que podem provocar doenças.

A POSIÇÃO DOS CHAKRAS

1 **Chakra da terra** Abaixo dos pés, aterra a encarnação. Cristal: Quartzo-enfumaçado

2 **Chakra da base** No períneo; centro sexual e criativo. Cristal: Jaspe Vermelho

3 **Chakra do sacro** Logo abaixo do umbigo. Outro centro sexual e criativo. Cristal: Cornalina

4 **Chakra do plexo solar** No plexo solar; centro emocional. Cristal: Jaspe Amarelo

5 **Chakra da semente do coração** Na base do esterno; local da memória da alma (veja também p. 95) Cristal: Danburita

6 **Chakra do baço** Abaixo da axila esquerda: local potencial de vazamento de energia. Cristal: Aventurina Verde

7 **Chakra do coração** Sobre o coração físico; centro do amor. Cristal: Quartzo Rosa

8 **Chakra do coração superior** (ver página 95) Cristal: Dioptásio

9 **Chakra da garganta** Sobre a laringe; centro da verdade. Cristal: Ágata Rendada Azul

10 **Chakra das vidas passadas ou altamaior** Logo atrás das orelhas; guarda informações sobre vidas passadas. Cristal: Variscita

11 **Chakra do terceiro olho** Linha mediana entre as sobrancelhas e a linha do cabelo; centro das impressões. Cristal: Apofilita

12 **Chakra soma** (ver página 95) Cristal: Pedra Azul de Preseli

13 **Chakra da coroa** No topo da cabeça; ponto de conexão espiritual. Cristal: Ametista

14 **Estrela da alma** (ver página 96) Cristal: Petalita

15 **Portal estelar** (ver página 96) Cristal: Azeztulita

Nota: veja também as páginas 92-6 para os chakras vibracionais superiores.

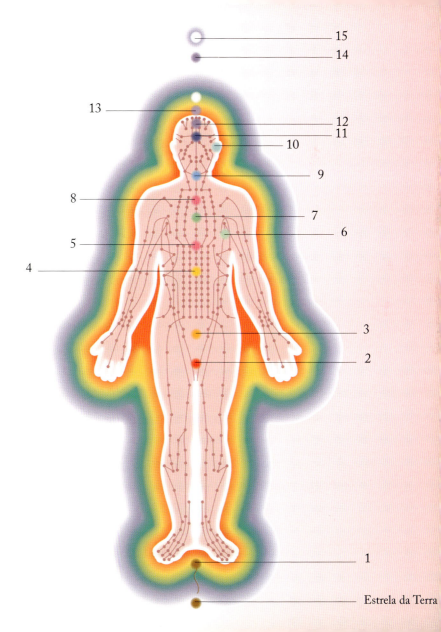

Estrela da Terra

CHAKRAS E SUAS QUALIDADES

Terra

COR: marrom
POSIÇÃO: abaixo dos pés
TEMA: conexão material e aterramento
QUALIDADES POSITIVAS: pés no chão, prático, trabalha bem na realidade do cotidiano
QUALIDADES NEGATIVAS: ausência de consciência de poder ou potência, não trabalha bem na realidade do cotidiano, capta a negatividade

Base

COR: vermelho
POSIÇÃO: base da coluna vertebral
TEMA: instinto de sobrevivência
QUALIDADES POSITIVAS: segurança básica, consciência do próprio poder, ativo, independente, líder espontâneo
QUALIDADES NEGATIVAS: impaciente, medo da aniquilação, desejo de morte, libido exagerada ou impotência, desejo de vingança, violento, raivoso, hiperativo, impulsivo, manipulador

Sacro

COR: laranja
POSIÇÃO: logo abaixo do umbigo
TEMA: criatividade e procriação
QUALIDADES POSITIVAS: fértil, corajoso, determinado, confiante, alegre, sexualidade, prazer sensual, aceitação da identidade sexual
QUALIDADES NEGATIVAS: baixa autoestima, infertilidade, cruel, inferioridade, inércia, pompa, vícios emocionais ou pensamentos obsessivos

Plexo solar

COR: amarela
POSIÇÃO: acima do umbigo
TEMA: conexão emocional e assimilação
QUALIDADES POSITIVAS: utiliza bem a energia, empático, organizado, lógico, inteligência ativa
QUALIDADES NEGATIVAS: utiliza mal a energia, preguiçoso, exageradamente emotivo, frio, cético, carrega bagagem emocional, vampiro energético, carrega os problemas e sentimentos dos outros

Baço

COR: verde-claro
POSIÇÃO: sob o braço esquerdo
TEMA: vampirismo energético
QUALIDADES POSITIVAS: controlado, poderoso
QUALIDADES NEGATIVAS: exausto e manipulado

Coração

COR: verde
POSIÇÃO: sobre o coração
TEMA: amor
QUALIDADES POSITIVAS: amoroso, generoso, compassivo, acolhedor, flexível, autoconfiante, compreensivo
QUALIDADES NEGATIVAS: desligado dos sentimentos, incapaz de demonstrar amor, ciumento, possessivo, inseguro, lamuriento ou resistente a mudanças

Garganta

COR: azul
POSIÇÃO: garganta
TEMA: comunicação
QUALIDADES POSITIVAS: capaz de falar a verdade, receptivo, idealista, leal
QUALIDADES NEGATIVAS: incapaz de verbalizar pensamentos ou sentimentos, contido, dogmático, desleal

Terceiro olho

COR: azul-escuro
POSIÇÃO: testa
TEMA: intuição e conexão mental

QUALIDADES POSITIVAS: intuitivo, perceptivo, visionário, centrado
QUALIDADES NEGATIVAS: alheio, medroso, preso ao passado, supersticioso, bombardeado pelos pensamentos dos outros

Vidas passadas

COR: turquesa claro
POSIÇÃO: atrás das orelhas
TEMA: tudo que é trazido de vidas passadas
QUALIDADES POSITIVAS: sábio, capacitado para a vida, sabe das coisas instintivamente
QUALIDADES NEGATIVAS: carrega bagagens emocionais, inseguro, não termina as coisas

Coroa

COR: violeta
POSIÇÃO: topo da cabeça
TEMA: conexão espiritual
QUALIDADES POSITIVAS: místico, criativo, humanitário, solícito
QUALIDADES NEGATIVAS: imagina demais, se ilude facilmente, arrogante, exercita o poder para controlar os outros

Os chakras e as cores

Apesar de atualmente se atribuir as cores do arco-íris aos chakras, a tradição de usar cristais sobre eles é anterior a isso. Em diagramas muito antigos, eles são representados em várias cores e em número maior do que os sete chakras "tradicionais".

Então, quando estiver trabalhando com cristais, você pode usar as correspondências de cor modernas (veja à direita) ou descobrir intuitivamente suas próprias cores. É bom conhecer as opções para acalmar um chakra hiperativo. Por exemplo, pôr um cristal vermelho sobre um chakra da base que gira a toda velocidade e arde de luxúria só piora a situação, quando outra cor poderia acalmá-lo (apesar de o jaspe vermelho acalmar esse chakra quando inflamado; então, sempre verifique os efeitos em si mesmo).

Correspondências modernas de cor dos chakras

- **Terra** marrom
- **Base** vermelho
- **Sacro** laranja
- **Plexo solar** amarelo
- **Coração** verde
- **Garganta** azul
- **Terceiro olho** índigo
- **Coroa** roxo ou branco

> **Este exercício é adequado para** Cristais de cores diferentes associados aos chakras (veja pp. 85-7).

> **Trabalhe com seus cristais agora** Para descobrir suas próprias correspondências de cor e chakras, vá ao Exercício 10: Qual a Cor dos seus Chakras? Nas páginas 102-03.

> **Ainda não cheguei lá** Volte às páginas 55-7 para se tornar mais sensível às cores dos cristais.

Os chakras e a aura

Se você for clarividente, poderá ver a aura como um campo de cores ao redor do corpo físico. Esse campo vital de energia é ativo e vibrante, com camadas que se mesclam e faixas multicoloridas que se relacionam ao nosso estado físico, emocional, mental e espiritual. Ela é ligada ao nosso corpo físico por meio dos chakras, e, se eles estiverem equilibrados, fortalecem nossa aura e nos ajudam a evitar o "vazamento" de energia.

A aura define nosso "espaço". Se alguém penetrar em seu campo áurico interior, você se sentirá invadido; energia, pensamentos e sentimentos podem invadi-lo, mesmo a distância – e muitas auras se estendem em campos sutis multidimensionais.

Quando energia, pensamentos ou sentimentos negativos se alojam na aura, causam doenças energéticas, de modo que é essencial limpá-la regularmente se você quiser estar sempre protegido e energizado. Os cristais também podem ser usados para fechar "buracos" na aura, causados por feridas físicas ou esgotamento por doença ou dor mental ou emocional. Fortalecendo a aura desse modo, você evita que outras pessoas penetrem em seu espaço pessoal para sugar sua energia.

▶ **Este exercício é adequado para** Pederneira, Fluorita, Âmbar, Ametista, Lágrima de Apache, Jade Preto, Pedra de Sangue, Citrino, Turmalina, Azeviche, Magnetita, Kunzita, Selenita, Quartzo-enfumaçado e Pirolusita.

Trabalhe com seus cristais agora Para limpar, fortalecer e consertar sua aura, vá ao Exercício 11: Como Fortalecer sua Aura, nas páginas 104-05.

Ainda não cheguei lá Reveja o método intuitivo de seleção de cristais nas páginas 20-1, perguntando quais deles seriam os mais adequados para sua aura.

Como abrir os chakras superiores

Enquanto passamos da era de Peixes para a de Aquário, várias mudanças acontecem na consciência humana. Novas dimensões se abrem e chakras adicionais se desenvolvem, para mediar a energia em mutação e converter a pura consciência e as vibrações dimensionais superiores, de modo que possam ser assimiladas por nosso corpo físico.

Nosso corpo físico pode acessar essas vibrações por meio do corpo de luz, um dos corpos sutis contidos na aura; somos ligados ao corpo de luz por meio dos chakras de alta vibração (veja a ilustração e tabela nas páginas 94-6). Muitos dos cristais descobertos recentemente trabalham para harmonizar o corpo físico com o corpo de luz, especialmente em nível neural.

Apesar de não ser aconselhável forçar a abertura desses chakras superiores antes de você estar totalmente pronto, você pode se preparar para receber um novo influxo de energia e as impressões espirituais que o acompanham. No entanto, você precisa antes limpar qualquer bloqueio emocional e crença limitadora, liberando padrões kármicos e superando a doença energética. Se tentar avançar sem antes concluir esse trabalho de cura, continuando a reprimir problemas ou a tomar atalhos, você terminará sem base e aberto a ilusões, enganos e mal-entendidos, porque não estará verdadeiramente acessando os níveis vibracionais superiores.

Brandenberg

Petalita Rosa

Azeztulita

Fenacita

→ **Este exercício é adequado para** Azeztulita, Quartzo-enfumaçado Elestial, Dioptásio Azul-esverdeado, Danburita Rosa, Tugtupita, Danburita Dourada, Pedra Azul de Preseli, Petalita, Quartzo Nirvana, Fenacita, Brandenberg ou outros cristais de alta vibração adequados (veja lista nas páginas 212-17).

Trabalhe com seus cristais agora Para abrir os chakras superiores, vá ao Exercício 12: Como Alinhar os Chakras Superiores, nas páginas 108-09.

Observação Só faça esse exercício quando tiver completado todo seu trabalho curativo e terapêutico.

Ainda não cheguei lá Continue trabalhando na limpeza dos chakras (ver páginas 98-9), liberando qualquer bloqueio emocional e, se estiver inseguro sobre a posição dos chakras, veja a ilustração na página 85 e verifique suas funções nas páginas 86-7.

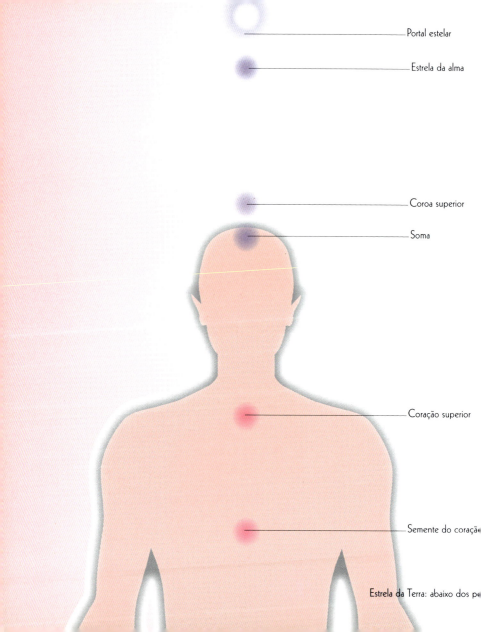

CHAKRAS VIBRACIONAIS SUPERIORES

Estrela da Terra (terra superior)

COR: marrom

POSIÇÃO: abaixo dos pés

TEMA: cura da terra

QUALIDADES POSITIVAS: fundamentado, conectado com a rede sutil da terra, consciente ambientalmente e um curador natural

QUALIDADES NEGATIVAS: sem base, suscetível à poluição ambiental, capta a energia negativa e cria desarmonia

Semente do coração

COR: rosa

POSIÇÃO: base do esterno

TEMA: lembranças da alma

QUALIDADES POSITIVAS: lembrança das razões para a encarnação, conexão com o plano divino e ferramentas disponíveis para a manifestação do potencial

QUALIDADES NEGATIVAS: sem raízes, sem propósito, perdido, desconectado espiritualmente, sofredor, incapaz de expressar os sentimentos, carente

Coração superior

COR: rosa ou azul-esverdeado

POSIÇÃO: acima do timo

TEMA: amor incondicional

QUALIDADES POSITIVAS: compassivo, empático, acolhedor, perdoador, conectado espiritualmente

QUALIDADES NEGATIVAS: isolado da nutrição espiritual e da capacidade de se conectar

Soma

COR: azul lavanda

POSIÇÃO: centro da linha dos cabelos

TEMA: conexão espiritual

QUALIDADES POSITIVAS: desperto espiritualmente e totalmente consciente

QUALIDADES NEGATIVAS: alienado e aberto a invasões, ilusões e enganos

Coroa superior

COR: branco

POSIÇÃO: várias, acima da cabeça

TEMA: iluminação espiritual

QUALIDADES POSITIVAS: espiritual, ligado a assuntos superiores, iluminado, verdadeiramente humilde

QUALIDADES NEGATIVAS: alma fragmentada, aberto a invasão extraterrestre

Estrela da alma

COR: lavanda / branca
POSIÇÃO: 30 cm acima da cabeça
TEMA: conexão e autoiluminação superior
QUALIDADES POSITIVAS: conexão mais superior da alma, que se liga ao corpo físico e à luz de alta frequência, comunicação com a intenção da alma, perspectiva objetiva sobre vidas passadas
QUALIDADES NEGATIVAS: invasivo, complexo de messias, resgata, mas não capacita

Portal estelar

COR: branca
POSIÇÃO: acima do chakra da estrela da alma
TEMA: portal cósmico para outros mundos
QUALIDADES POSITIVAS: conectado às energias superiores no cosmos e além, na comunicação com seres iluminados
QUALIDADES NEGATIVAS: desintegrado, aberto a desinformação, incapaz de agir

EXERCÍCIOS COM OS CHAKRAS

Os exercícios seguintes ajudarão você a descobrir, a abrir e a manter seus chakras em bom funcionamento. Eles conscientizarão você de sua aura e ativarão os novos chakras de alta vibração quando você estiver pronto.

Como sentir e limpar os chakras

Manter os chakras equilibrados e ativos é essencial para a boa saúde. Você pode fazer uma limpeza e recarga completa dos chakras, como descrito aqui, ou limpar apenas um deles, caso se identifique com um tema ou qualidade de determinado chakra, descritos nas páginas 84-7. Limpar um único chakra também é bom se você estiver doente ou se sentir um bloqueio associado a ele. Por exemplo, problemas de garganta ou pulmões melhoram se você tratar o chakra da garganta, e problemas abdominais, se você tratar o chakra da base ou do sacro. Para uma limpeza rápida, pegue uma varinha ou uma ponta longa de cristal e espirale a energia a partir de seu chakra em uma direção (como, por exemplo, no sentido dos ponteiros do relógio) e depois na outra (contrária aos ponteiros). Limpe o cristal entre as duas tarefas, se achar adequado.

 Exercício 9 **LIMPEZA, RECARGA E EQUILÍBRIO TOTAL DOS CHAKRAS**
CD FAIXA 3 (OPCIONAL)

- **Você precisará de**: Quartzo-enfumaçado, Jaspe Vermelho, Cornalina Laranja, Jaspe Amarelo, Aventurina Verde, Ágata Rendada Azul, Solaita, Ametista, limpos e ativados.

- **Coloque o Quartzo-enfumaçado** entre e levemente abaixo dos pés. Deite-se de costas e visualize a luz e a energia irradiando do cristal para o chakra da Terra durante 2 ou 3 minutos. Conscientize-se de que o chakra está sendo limpo e seu giro regulado.

- **Coloque o Jaspe Vermelho no chakra da base**. Visualize a luz e a energia saindo do cristal para o chakra da base, como no chakra anterior.

- **Coloque a Cornalina Laranja no chakra do sacro** logo abaixo do umbigo e novamente visualize a luz e sinta o processo de limpeza.

- **Coloque sucessivamente o Jaspe Amarelo no plexo solar,** a Aventurina Verde no coração, a Ágata Rendada Azul na garganta e a Sodalita na testa. Cada vez visualize a luz e sinta a limpeza do chakra.

- **Finalmente coloque a Ametista no topo da cabeça** e veja a luz e sinta a limpeza no chakra da coroa.

- **Agora concentre sua atenção na sola dos pés,** subindo lentamente pela linha mediana do corpo, sentindo como cada chakra se equilibrou e harmonizou. Fique quieto e relaxado, inspirando fundo, levando o ar até o abdome e contando até sete antes de expirar. Enquanto inspira, sinta a energia dos cristais reenergizando os chakras e a deles, por sua vez, irradiando por todo seu corpo.

- **Quando se sentir pronto, retire os cristais,** começando pela coroa. Quando chegar ao chakra da Terra, conscientize-se de uma corda de ancoramento ligando você ao solo e ao seu corpo físico. Agora limpe suas pedras com cuidado e registre suas experiências no espaço fornecido.

Limpeza, equilíbrio e recarga dos chakras

Data _____ **Hora** _____

Cristais _____

Experiência _____

_____

_____

_____

_____

Consegui sentir a energia em meus chakras? _____

_____

_____

_____

Algum chakra estava bloqueado? _____

_____

_____

_____

_____

Consegui me conscientizar de algum problema ou doença associado a algum chakra bloqueado ou que não funciona? (Em caso positivo, trabalhe mais nesse chakra específico mais tarde e registre a experiência aqui.) _____

_____

_____

_____

_____

_____

_____

_____

_____

_____

Se eu usei um cristal de ponta longa, como foi?_____

_____

_____

_____

_____

_____

Chakras, cristais e cor

Este exercício ajuda você a descobrir a que cores seus chakras reagem melhor e a cor natural deles. Você pode praticar com um dos chakras normais (ver páginas 82-7) a cada sessão, ou com todos eles, se tiver tempo.

Exercício 10 QUAL A COR DOS SEUS CHAKRAS?
CD FAIXA 3 (OPCIONAL)

- **Você precisará de**: uma seleção de cristais dos chakras limpos e ativados de cores diferentes.

- **Volte às páginas 70-3 e lembre-se** de como você reagiu a cristais de cores diferentes e se algum dos seus chakras reagiu quando você entrou em sintonia com as várias cores.

- **Relaxe e deixe que seus olhos saiam** lentamente de foco. Concentrando-se em cada chakra por vez, pergunte à sua intuição a cor de cada um. Você pode ver a cor ou ouvir o nome dela em resposta. (Se achar difícil, faça a radiestesia com os dedos na página 21.)

- **Trabalhando com cada um dos cristais coloridos** por vez, segure-o perto de um dos seus chakras, afaste-o e aproxime-o novamente. Observe se esse ato tem algum efeito físico ou sutil. Como os chakras penetram muito profundamente na aura, verifique se a cor muda ou se intensifica à medida que você afasta o cristal do corpo.

- **Quando tiver estabelecido uma cor** para cada chakra, repita a limpeza e a recarga dos chakras das páginas 98-101 com os novos cristais, observando a diferença que cada cor faz, se houver.

Qual a cor dos meus chakras?

Data _____ **Hora**_____

Cristal _____

Chakra	Cor	Efeito
Chakra da Terra		
Chakra da base		
Chakra do sacro		
Chakra do plexo solar		
Chakra do coração		
Chakra do coração superior		
Chakra da garganta		
Chakra da testa		
Chakra da coroa		

Minha experiência_____

_____

O que foi diferente nessa experiência? _____

_____

As cores dos meus chakras se intensificaram ou mudaram de acordo com a distância a

que estavam em minha aura? _____

A recarga dos chakras foi melhor da primeira vez ou quando mudei as cores?_____

_____

Como sentir e limpar sua aura

Com a ajuda de um cristal, você pode facilmente sentir a extensão da sua aura e verificar se há pontos fracos ou ganchos de outras pessoas sugando sua energia. Peça à sua intuição que mostre quais cristais se adéquam a isso. Faça esse exercício regularmente.

Exercício 11 COMO FORTALECER SUA AURA
CD FAIXA 3 (OPCIONAL)

- **Você precisará de**: Quartzo-enfumaçado, Jaspe Vermelho, Labradorita, Quartzo Transparente ou Selenita ou outro cristal de proteção e limpeza da aura (veja a Lista de Cristais nas páginas 26-32).

- **Sente-se numa cadeira e coloque o Quartzo-enfumaçado** a seus pés (com a ponta para longe de você, se ele tiver uma). Coloque o jaspe vermelho numa cadeira abaixo de você, tão perto do seu períneo quanto possível. Segure a Labradorita na mão esquerda e o Quartzo Transparente ou a Selenita na mão direita.

- **Feche os olhos e respire suavemente**, concentrando-se na mão direita. Estique ao máximo o braço direito com a palma da mão para baixo. Mova a mão lentamente em direção ao corpo. Em algum momento a mão começará a trepidar ou o cristal "saltará" e você se conscientizará de seu campo de energia sutil (Talvez precise de um pouco de prática).

- **Observe a distância** a que o campo de energia sutil se estende a partir do seu corpo. Mova a mão direita à sua volta e veja se você pode detectar qualquer ponto "frio" ou fraco. Em caso positivo, mantenha o cristal ali por alguns instantes.

- **Ainda segurando o cristal** na mão direita, faça movimentos com o cristal como se estivesse "penteando" seu corpo, partindo do topo da cabeça, passando pela linha mediana frontal e indo até os pés. Repita, penteando o exterior do corpo de cada lado e finalmente pelas costas.

- **Observe onde você sente algum** "gancho" ou "corda" que liga sua energia à de outra pessoa — ele pode estar perto do corpo ou mais longe, na aura. Em caso positivo, use o cristal para desalojar o gancho e envie-o de volta ao seu lugar, então cure o local onde ele estava segurando o cristal ali. Observe também se você detecta algum pensamento ou sentimento alojado em sua aura e deixe o cristal dissolvê-los suavemente.

- **Repita o movimento de "pentear"** usando a Labradorita na mão esquerda, para selar e fortalecer a aura. Finalmente, posicione o Quartzo Transparente diante do plexo solar por alguns minutos para energizar a aura. Lembre-se de limpar os cristais após o uso e de registrar suas experiências no espaço fornecido.

Minha experiência com a limpeza da aura

Data _____ **Hora** _____

Cristais _____

Minha experiência _____

_____

_____

_____

Como senti minha aura? Descobri buracos ou rupturas? _____

_____

_____

Havia algum pensamento ou sentimento alojado na minha aura? _____

_____

_____

Havia ganchos de outras pessoas? _____

_____

_____

Eu removi todos os pensamentos, sentimentos e ganchos? _____

_____

_____

Minha experiência com a limpeza da aura

Data _____ Hora _____

Cristais _____

Minha experiência _____

_____

_____

_____

Como senti minha aura? Descobri buracos ou rupturas? _____

_____

_____

Havia algum pensamento ou sentimento alojado na minha aura? ____

_____

_____

Havia ganchos de outras pessoas? _____

_____

_____

Eu removi todos os pensamentos, sentimentos e ganchos? _____

_____

_____

Como ativar meus chakras superiores

Este exercício ajuda a alinhar seus chakras superiores, quando você estiver pronto. Trabalhe lenta e conscienciosamente. Você pode precisar repetir esse exercício várias vezes antes de sentir seu efeito, e é melhor não se esforçar demais. Permita que o processo se desenvolva naturalmente quando a hora certa chegar. Pode ser bom trabalhar apenas em um chakra por sessão até ele estar completamente ativado.

Lembre-se de fechar seus chakras ao final do exercício, se for adequado, visualizando persianas se fechando sobre eles quando você tirar o cristal. Se você se sentir flutuando, com a cabeça leve ou tonta, remova imediatamente o cristal, feche o chakra e concentre-se no cristal aos seus pés. Ancore-se novamente, sentindo o contato com a Terra. Espere alguns dias até tentar de novo.

 Exercício 12 **COMO ALINHAR SEUS CHAKRAS SUPERIORES**
CD FAIXA 3 (OPCIONAL)

- **Você precisará de**: Quartzo-enfumaçado Elestial, Dioptásio Azul, Danburita Rosa, Tugtupita, Danburita, Pedra Azul de Preseli, Petalita, Quartzo Nirvana, Fenacita, Brandenberg ou outros cristais de alta vibração adequados, como Quartzo Satyamani e Satyaloka ou Tugtupita (veja a Lista de Cristais de Alta Vibração nas páginas 214-17).

- **Pratique o Exercício 9**: Limpeza, Recarga e Equilíbrio Total dos Chakras, nas páginas 98-9 para ter certeza de que seus chakras tradicionais estão operando com eficiência e equilíbrio totais.

- **Coloque a peça** de Quartzo-enfumaçado Elestial ou qualquer outro cristal de alta vibração entre seus pés para ativar o chakra superior da Terra. Então coloque o Dioptásio Azul, a Danburita Rosa ou outro cristal de alta vibração sobre o chakra do coração superior. Espere alguns momentos até os cristais e o chakra entrarem em sintonia e o chakra se abrir.

- **Coloque a Tugtupita, a Danburita** ou outro cristal de alta vibração no chakra semente do coração, na base do esterno. Espere alguns momentos até os cristais e o chakra entrarem em sintonia e o chakra se abrir.

- **Coloque a Pedra Azul de Preseli** ou outro cristal de alta vibração no chakra soma, no terceiro olho. Espere alguns momentos até os cristais e o chakra entrarem em sintonia e o chakra se abrir.

- **Coloque a Petalita, o Quartzo Nirvana** ou outro cristal de alta vibração um palmo acima do topo da cabeça, no chakra da coroa superior. Espere alguns momentos até os cristais e o chakra entrarem em sintonia e o chakra se abrir.

- **Coloque a Fenacita, o Quartzo Nirvana** ou outro cristal de alta vibração a aproximadamente 30 cm acima da cabeça, no chakra da estrela da alma. Espere alguns momentos até os cristais e o chakra entrarem em sintonia e o chakra se abrir.

- **Coloque o Brandenberg** ou outro cristal de dimensão superior no portal estelar acima da estrela da alma (ver página 96). Espere alguns momentos até os cristais e o chakra entrarem em sintonia e o chakra se abrir.

- **Feche os chakras, se adequado, visualizando persianas** se fechando sobre cada um à medida que você remove o cristal correspondente. Então visualize uma grande bolha ao seu redor, estendendo-se abaixo dos pés, as bordas se cristalizando para proteger seus chakras recentemente ativados. Agora registre suas experiências no espaço fornecido.

Minha experiência com a ativação dos meus chakras superiores pelos cristais

Data _____ **Hora** _____

Cristal _____ **Chakra** _____

Minha experiência _____

_____

_____

Os cristais mais adequados a mim foram _____

_____

_____

_____

Data _____ **Hora** _____

Cristal _____ **Chakra** _____

Minha experiência _____

_____

_____

Os cristais mais adequados a mim foram _____

_____

_____

_____

Minha experiência com a ativação dos meus chakras superiores pelos cristais

Data _____ **Hora** _____

Cristal _____ **Chakra** _____

Minha experiência _____

_____

_____

Os cristais mais adequados a mim foram _____

_____

_____

_____

Data _____ **Hora** _____

Cristal _____ **Chakra** _____

Minha experiência _____

_____

_____

Os cristais mais adequados a mim foram _____

_____

_____

_____

Minha experiência com a ativação dos meus chakras superiores pelos cristais

Data _____ Hora _____

Cristal _____ Chakra _____

Minha experiência _____
_____
_____

Os cristais mais adequados a mim foram _____
_____
_____
_____

Data _____ Hora _____

Cristal _____ Chakra _____

Minha experiência _____
_____
_____

Os cristais mais adequados a mim foram _____
_____
_____
_____

CRISTAIS PARA AUTODESENVOLVIMENTO

As qualidades dos cristais

Além das propriedades curativas, muitos cristais podem ajudar no aperfeiçoamento de qualidades específicas que beneficiem seu desenvolvimento pessoal. Se você quiser desenvolver mais compaixão, por exemplo, é bom usar, meditar ou dormir com um Quartzo Rosa ou outra pedra do coração. Se você precisar de mais coragem, coloque um Jaspe ou Cornalina Vermelhos no bolso. Se você é explosivo e quer se acalmar, evite cristais vermelhos e tente os cor-de-rosa ou verdes, como Aventurina ou Jade. Se você se critica constantemente, o Olho de Tigre pode ajudar, e, se você é sensível à crítica, o Citrino ajuda, enquanto a Kunzita mostra como agir se você for objeto de críticas construtivas.

Você pode já estar usando os cristais dessa forma mesmo inconscientemente. Muitas pessoas os colocam sobre seus chakras, deliberada ou intuitivamente, para liberar bloqueios (ver páginas 82-7) e fazer com que as qualidades positivas se manifestem. Observe sua coleção agora – você verá que muitas de suas pedras oferecem a mesma qualidade, o que mostra que sua intuição levou você ao recurso certo. Nesse caso, programe conscientemente o cristal para acrescentar ainda mais a qualidade que você busca (veja páginas 22-3), e então o use ou durma com ele sob o travesseiro por várias semanas. De vez em quando, monitore como você está se sentindo para verificar se precisa mudar de cristal.

Conhecer-se é um dos segredos de uma vida feliz e bem-sucedida, e um Quartzo ou qualquer outro cristal ao qual você se sinta intuitivamente atraído pode ajudar você a explorar seu eu interior e as partes mais ocultas de sua psique. O cristal mostrado aqui, por exemplo, revelou uma infância perturbada e o início difícil da idade adulta, mas o fantasma e o arco-íris no alto mostraram o caminho para a felicidade e a evolução espiritual, que a pessoa encontrou alimentando-se da força interior desenvolvida durante essas dificuldades iniciais.

> **Este exercício é adequado para** Qualquer cristal pelo qual você se sinta atraído ou que ofereça a você as qualidades que quer desenvolver.

Trabalhe com seus cristais agora Vá ao Exercício 13: Sua Jornada com o Quartzo, na página 130, lembrando-se de preparar seu cristal antes de começar (ver páginas 22-3). A jornada pode ser feita em várias etapas.

Ainda não cheguei lá Procure as qualidades dos cristais pelos quais você se sente intuitivamente atraído na Lista de Cristais nas páginas 26--32 e veja o que eles dizem sobre você. Ou então, verifique seus chakras e as qualidades associadas a eles nas páginas 84-7.

Que cristais você prefere?

Os cristais que você prefere podem dizer muito sobre sua personalidade e sua abordagem da vida; pode ser muito revelador reler as informações sobre as propriedades dos cristais em sua coleção (veja a Lista de Cristais nas páginas 26-32) ou pensar sobre o tipo de cristal que você tende a escolher. Se você sempre prefere cristais grandes, brilhantes e luminosos, por exemplo, provavelmente é otimista e extrovertido – ou pode estar tentando superar o elemento criança carente em você, que procura se sentir melhor segurando coisas belas e brilhantes.

Se todos os seus cristais têm uma só cor, você pode estar tentando fortalecer o chakra ou as qualidades associadas a ela. Cores claras podem indicar uma busca por evolução espiritual ou alguém que evita as qualidades da sombra. Se você opta por cristais escuros, profundos e intensos, provavelmente usa para transformar suas qualidades sombrias em dons, ou está se protegendo contra pensamentos e sentimentos negativos vindos de fora.

Observar profundamente as qualidades dos cristais pelos quais você é atraído é uma forma excelente de aprender mais sobre as urgências inconscientes guardadas em seu interior e desenvolver o lado positivo de sua personalidade.

> **Este exercício é adequado para** Qualquer cristal pelo qual você se sinta atraído ou que use regularmente.

Trabalhe com seus cristais agora Para aprender o que os cristais pelos quais você se sente atraído dizem sobre você, vá ao Exercício 14: O Que os Cristais Que Você Prefere Dizem? Na página 134.

Ainda não cheguei lá Estude um pouco mais sobre as propriedades dos cristais de sua coleção.

Os cristais que você escolhe usar dizem muito sobre sua personalidade.

Que cristais você deve evitar?

Há duas razões principais para evitar alguns cristais (além do preço): você pode não gostar de sua aparência ou pode ter reagido mal quando o usou ou segurou no passado, o que pode ser um indício de que está tentando esconder algo de você mesmo. Pode ser um sentimento ou uma atitude que você considera "má" e reprimiu no subconsciente, ou talvez o cristal esteja tendo um efeito catártico ou desintoxicante um pouco forte demais para você. Em ambos os casos, você se sentirá muito melhor se explorar a causa da aversão e retirar suavemente esses sentimentos com um cristal como o Quartzo-enfumaçado. Quando tiver tirado a fonte inicial de desconforto, pode pedir ajuda a um cristal que instile em você a qualidade oposta.

O Quartzo-enfumaçado Elestial na página ao lado foi extremamente desagradável a uma das participantes do meu *workshop* – ela disse que ele se parecia com "uma cobra zangada esperando para dar o bote". Depois de trabalhar com o cristal, ela descobriu que estava trazendo de volta a lembrança de um exibicionista que saltou dos arbustos em cima dela quando era bem pequena. O Quartzo-enfumaçado Elestial é um ótimo cristal para transmutar a depressão e o medo que uma lembrança tão traumática pode trazer, e ele a fez ser grata pelo dom da agilidade nas pernas, que a levou rapidamente a um lugar seguro.

Este exercício é adequado para Qualquer cristal pelo qual você sinta aversão ou qualquer memória traumática que você queira liberar.

Trabalhe com seus cristais agora Para aprender a trazer memórias traumáticas e sentimentos indesejáveis à superfície para liberação, vá ao Exercício 15: Como Enfrentar sua Energia da Sombra nas páginas 138-39.

Ainda não cheguei lá Sente-se tranquilamente segurando um dos cristais "suaves", como, por exemplo, o Quartzo Rosa ou a Rodocrosita, que dissipam o medo, até você se sentir capaz de trabalhar com o cristal que evitou.

Como proteger-se com os cristais?

A autoproteção psíquica é essencial se você quiser trabalhar com sensibilidade e cristais – e também por outras razões. A energia e os pensamentos dos outros podem rapidamente exaurir sua energia. A neblina eletromagnética e o stress geopático também afetam seu trabalho com os cristais porque, se você não os evitar, pode captá-los como energia negativa que se aloja em sua aura e em seus órgãos internos. Familiares e parceiros também podem provocar stress uns nos outros. Então, o que fazer?

Os cristais são ótimos para proteger e criar espaços seguros, retirando as energias negativas e mantendo os piratas energéticos afastados. Ao manter sua energia tão em alta quanto possível, você também será capaz de entrar em sintonia com cristais de alta vibração quando estiver pronto, elevando suas próprias vibrações para atingir espaços multidimensionais.

Lembre-se de limpar os cristais regularmente se quiser a proteção deles, especialmente se estiver usando-os ou se estiverem em seu ambiente (ver páginas 22-3). Saiba também que você pode usar ou posicionar cristais no ambiente para impedir que a energia negativa atinja você. Por exemplo, se você colocar cristais como Quartzo Rosa ou Labradorita perto de uma parede para se proteger de vizinhos barulhentos ou invasivos, eles se acalmarão quase imediatamente. Usar uma

Turmalina Preta quando tiver contrariado alguém ou for objeto de ciúme protege você de absorver o mal e traz paz à sua vida novamente.

O protetor do baço

Se você se sente exausto na companhia de alguém ou desfalece quando ele ou ela liga para você – especialmente se sentir dor abaixo da axila esquerda – essa pessoa está sugando seu campo de energia pelo chakra do baço.

Você descobrirá que um cristal protetor do baço logo descobre os piratas energéticos; em geral, cristais verdes, como Jade, Fluorita e Gaspeíta funcionam bem para esse chakra. Há outros ainda que podem ser usados para uma proteção semelhante para o plexo solar (protegendo você de drenagem emocional), o fígado (da invasão da raiva dos outros), os rins (da invasão do medo de outros) etc.

Este exercício é adequado para Qualquer forma de esgotamento energético; escolha seu cristal intuitivamente ou a partir das referências na Lista de Cristais nas páginas 26-32.

Trabalhe com seus cristais agora Para impedir drenagens energéticas, vá ao Exercício 16: Como Proteger seu Baço, na página 140.

Ainda não cheguei lá Ouça a faixa 1 do CD, relaxe e faça sua mente voltar a situações em que você sempre se sente cansado ou subitamente esgotado. Este exercício ajudará você a identificar piratas energéticos e situações adversas.

LISTA DE CRISTAIS DE PROTEÇÃO

Fluorita, Amazonita ou Quartzo neutralizam a neblina eletromagnética; coloque grupos perto do computador ou da TV.

Fluorita Verde

O **Quartzo-enfumaçado** absorve o stress geopático e as energias negativas de todos os tipos e protege contra as drenagens energéticas.

Quartzo-enfumaçado

A **Turquesa** limpa a poluição ambiental e ajuda na proteção pessoal.

Turquesa

A **Labradorita** separa sua energia dos pensamentos e sentimentos de outros, para que você possa manter uma visão empática, mas objetiva e perceptiva.

Labradorita

Turmalina Preta

A **Turmalina Preta** desvia o mau-olhado e protege contra a neblina eletromagnética; prenda uma com fita adesiva ao seu celular.

Sodalita

A **Aventurina Verde e a Sodalita** protegem contra a neblina eletromagnética.

Pedra de Sangue

O **Âmbar ou a Pedra de Sangue** limpam a energia negativa e protegem a aura.

Selenita

A **Selenita** retira as energias espirituais para criar um espaço seguro e sagrado.

Quartzo Rosa

O **Quartzo Rosa e a Ametista** substituem a negatividade com vibrações positivas de amor; coloque-as junto à parede para acalmar energia invasiva ou angústia emocional.

Proteja seu espaço

As grades de cristais são uma maneira perfeita de proteger seu espaço, porque criam uma rede energética e um espaço seguro enquanto você faz jornadas e rituais. De fato, colocando seus cristais em grades ordenadas em vez de ao acaso você pode melhorar todo seu ambiente, mantendo as áreas limpas e energizadas.

Há várias formas de grade, então experimente-as para descobrir a que faz você se sentir melhor. Descubra também que cristais usar. A radiestesia é um modo excelente de escolher e posicionar seus cristais (ver páginas 20-1).

Lembre-se de que os cristais usados nas grades precisam de limpeza regular. Depois de fazê-lo, reconecte-os usando uma varinha (se as linhas da grade passarem por uma parede, leve-os até ela e depois dê a volta até o outro lado, retomando onde a linha continua).

 Este exercício é adequado para Todos os cristais protetores, mas especialmente os da página 123.

 Trabalhe com seus cristais agora Para verificar as grades benéficas a você, vá ao Exercício 17: Use Sistemas de Gradeamento na página 142. Selecione as pedras e seu posicionamento exato com a radiestesia com os dedos e do pêndulo.

 Ainda não cheguei lá Verifique as propriedades protetoras dos cristais na Lista de Cristais nas páginas 26-32 e então revise sua técnica de radiestesia com os dedos (veja página 21).

Pêndulo radiestésico

GRADEAMENTO DE CRISTAIS

Triangulação

Você precisará de:
- 3 cristais purificados e ativados
- Uma varinha de cristal

O gradeamento em triângulo é muito eficiente para neutralizar energias negativas e gerar energia positiva. Coloque um cristal centralizado numa parede e outros dois nas extremidades da parede oposta, formando um triângulo, de preferência de ângulos iguais. Se quiser gradear a casa inteira, as linhas de força precisarão atravessar as paredes, por isso ligue os pontos com uma varinha para fortalecer a grade.

Zigue-zague

Você precisará de:
- 8 cristais purificados e ativados
- Uma varinha de cristal

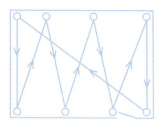

O traçado em zigue-zague é particularmente útil no caso da síndrome do edifício doente e de poluição ambiental. Disponha os cristais apropriados como é mostrado no diagrama, lembrando-se de voltar à pedra posicionada em primeiro lugar. Purifique as pedras regularmente.

Estrela de cinco pontas

Você precisará de:
- 5 cristais purificados e ativados
- Uma varinha de cristal

Esse traçado de proteção, ou de evocação de amor e saúde, muito útil para estimular a produção de energia. Siga a direção das setas mostradas no diagrama quando posicionar os cristais e lembre-se de voltar ao primeiro cristal para completar o circuito. Como a Estrela de Davi (veja página 128), esse traçado pode ser usado para gradear o corpo, um cômodo ou outro ambiente.

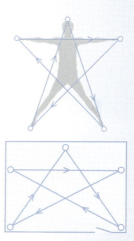

Figura do Oito

Você precisará de:
- 6 pedras de vibração elevada, purificadas e ativadas
- 6 pedras de ancoramento purificadas e ativadas

Este traçado atrai a energia espiritual para o seu corpo e funde-a com a energia da Terra absorvida pelos seus pés, para criar o equilíbrio perfeito. Ele também propicia um ancoramento cósmico para posicionar você entre o núcleo da Terra e o centro da galáxia, criando uma solidez energética que o deixa vulnerável às mudanças energéticas e canaliza a energia de vibração elevada para a Terra. Coloque pedras de vibração elevada, como o Anfibólio, a Cacoxenita e a Pedra

da Lua Azul, acima da cintura até o topo da cabeça, e pedras de ancoramento, como o Jaspe Papoula, a Ágata e a Septariana, abaixo da cintura até os pés. Lembre-se de completar o circuito, voltando à primeira pedra.

Estrela de Davi

Você precisará de:
- 6 cristais purificados e ativados
- Uma varinha de cristal

Embora a Estrela de Davi seja um traçado tradicional de proteção, ela também cria um espaço de manifestação ideal quando traçada com grandes Granadas Grossulares, Amolitas ou outras pedras da abundância. Faça o primeiro triângulo e ligue os pontos, depois faça o segundo sobre o primeiro, de ponta-cabeça. Ligue os pontos. Se estiver usando Bronzita e Turmalina Preta para neutralizar o mau-olhado, coloque o triângulo de Bronzita primeiro. Purifique a estrela diariamente.

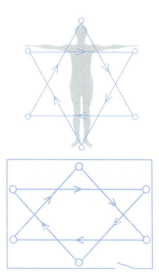

EXERCÍCIOS PARA O AUTODESENVOLVIMENTO

Os exercícios nesta seção ajudarão você a elevar suas vibrações e a aperfeiçoar sua sensibilidade aos cristais enquanto encoraja você a assumir novas qualidades que ajudam no seu desenvolvimento. Eles também ajudarão você a manter sua energia pessoal e ambiental em alta, limpa e segura.

O que os cristais podem dizer sobre você?

Essa jornada leva você ao seu interior para sentir seu ego e desenvolver a consciência única do eu. Você descobrirá o que o torna você mesmo e como expressar sua individualidade. A jornada então leva você a descobrir como você se encaixa no quadro mais amplo. Isso o ajuda a dominar a capacidade de inovar, liderar e de seguir seu próprio caminho com coragem. Essa jornada pode ser realizada em seções menores, se você achar que é muito fazê-la toda de uma só vez. Simplesmente pause o CD quando precisar, mas sempre siga a conclusão ao final dele a cada vez que completar uma seção. Não se esqueça de datar sua experiência.

Exercício 13 SUA JORNADA COM O QUARTZO
CD FAIXA 4 (PARA SEGUIR O ROTEIRO, VÁ ÀS PÁGINAS 246-47)

- **Você precisará de**: um cristal limpo e ativado de sua coleção; um Quartzo é ideal, mas deixe-se guiar pela intuição.

- **Toque a faixa 4 do CD agora** e siga as instruções para sua jornada do Quartzo. Após completá-la, registre sua experiência no espaço fornecido.

Minha jornada com o Quartzo

Data _____ **Hora**_____

Cristal _____

Minha experiência _____

_____

_____

_____

O que motiva meu ego e os meus desejos? _____

_____

_____

_____

Como eu posso me ajustar?_____

_____

_____

_____

Como posso expressar isso em meu cotidiano? _____

_____

_____

_____

Em que áreas da minha vida deixo sempre as coisas para depois?

Onde sou totalmente egocêntrico?

Que diferença existe entre o meu ego e o meu Eu?

Como é ser parte do todo e depois me tornar um indivíduo único novamente?

Como eu me senti ao dar à luz ao meu Eu? _____

_____

_____

_____

_____

Qual é o meu caminho? _____

_____

_____

_____

_____

Quais foram os presentes da minha sombra? _____

_____

_____

_____

_____

Quais foram os presentes que deixei para mim mesmo? _____

_____

_____

_____

_____

O que os cristais dizem a você?

Se sua coleção tiver uma maior quantidade de certas cores ou tipos de cristal, ela pode dizer muito sobre o tipo de qualidades que você valoriza ou tenta atrair. Este exercício pode ajudar você a explorar isso:

Exercício 14 O QUE OS CRISTAIS QUE VOCÊ PREFERE DIZEM?

- **Você precisará de**: quatro ou cinco cristais limpos e ativados de várias formas e/ou cores.

- **Observe bem sua coleção** Se ela contiver vários cristais de uma cor específica, vá à página 88 e verifique com que chakra essa cor ressoa, então vá às páginas 86-7 para descobrir as qualidades e características associadas a esse chakra.

- **Agora vá à Lista de Cristais** nas páginas 26-32 ou consulte *A Bíblia dos Cristais* e leia sobre as qualidades de todos os seus cristais favoritos. Há algum tema comum nas descrições? Em caso positivo, o que ele diz sobre você?

- **Observe os cristais ilustrados** na página 117. Que pendente você gostaria de usar? Continue lendo para descobrir o que ele diz sobre você: O Topázio Místico é otimista e extrovertido e gosta de deslumbrar; a Merlinita é contida, sábia e reservada. A Pedra da Lua Azul é mística e intuitiva; a Greenlandita é confiável e calma; o Jade Lemuriano é protetor e misterioso. Agora registre sua experiência no espaço fornecido.

Minha experiência com a coleção de cristais

Data _____ Hora _____

Cristais _____

_____

_____

_____

Minha experiência _____

_____

_____

_____

_____

_____

_____

_____

_____

_____

_____

_____

_____

_____

_____

Alguma cor ou tema específico é comum aos meus cristais? _____

_____

_____

_____

_____

_____

Meus cristais estão ligados a algum chakra específico? _____

_____

_____

_____

_____

_____

Em caso positivo, tendo lido as qualidades associadas a ele, como isso se aplica a mim,

positiva ou negativamente? _____

_____

_____

_____

_____

_____

Que qualidades positivas meus cristais me trazem? _____

_____

_____

_____

_____

Que cristal me atraiu mais na ilustração? _____

_____

_____

_____

_____

Quais são suas propriedades? _____

_____

_____

_____

_____

_____

Como superar a aversão

Este exercício pode ser realizado com qualquer cristal pelo qual você sente aversão, ou você pode trabalhar com um cristal que tenha identificado como representando um de seus medos ou problemas específicos. Os cristais colocados aos seus pés, como o Quartzo-enfumaçado ou a Hematita, ajudam a retirar e desintoxicar sentimentos ou lembranças traumáticas. Você também pode segurar o Quartzo Rosa para acalmar o medo.

Exercício 15 COMO ENFRENTAR SUA ENERGIA DA SOMBRA

- **Você precisará de**: um cristal pelo qual você sinta aversão, Quartzo-enfumaçado ou Hematita (se você sentir aversão a esses cristais, substitua por Quartzo Transparente), mais um cristal curador do coração ou algum que instile o lado positivo da aversão (veja a Lista de Cristais nas páginas 26-32).

- **Coloque o Quartzo-enfumaçado ou a Hematita** (ou o Quartzo Transparente) entre seus pés.

- **Agora segure o cristal** pelo qual você sente aversão; se ela for muito forte, coloque a pedra em uma mesa à sua frente. Pergunte-se sobre o que você não gosta na pedra. É a cor? A forma? As sensações que você tem quando olha para ela? Pergunte-se onde você sente essa aversão, em suas mãos, coração ou ventre? Ela faz com que você se sinta enjoado ou suas costas se retorcerem?

- **Respire suave e calmamente**, levando o ar até a barriga. Peça ao cristal que fale com você — que se comunique para ajudar você a identificar de onde vem a sua aversão. Que lembranças ele faz surgir ou que atitudes ele representa? Peça ao cristal que o ajude a liberar e curar suavemente esses sentimentos negativos.

- **Quando tiver terminado de explorar** os sentimentos negativos, pegue o cristal curador do coração ou positivo e segure-o sobre o coração. Respire suavemente para dentro do cristal, de modo que a energia flua para seu coração. Bata suavemente com o cristal sobre seu coração e repita para você mesmo várias vezes: "Eu me perdoo por ter esse sentimento/lembrança/aversão e me amo e aceito incondicionalmente por ter sentido isso. Eu me liberto agora." Agora registre sua experiência no espaço fornecido.

Minha experiência com a aversão a um cristal

Data _____ Hora _____ Cristal _____

Minha experiência_____

_____

_____

O que o cristal simbolizava _____

_____

Cristais usados para curar_____

_____

Como me sinto agora _____

_____

_____

Protegendo-se

Cristalizar as bordas exteriores da aura oferece proteção contra piratas energéticos e outros vampiros de energia sutil, mas, para estar mais seguro de que ninguém consiga sugar sua energia, use este exercício para proteger seu baço.

Experimente com os diferentes cristais mencionados até você descobrir exatamente o que se adéqua a você; se você sofrer de exaustão energética extrema, mantenha a pedra sobre seu baço.

Exercício 16 COMO PROTEGER SEU BAÇO

- **Você precisará de**: Fluorita Verde, Aventurina Verde, Jade ou outro cristal do baço e Quantum Quattro ou outra pedra de poder (ver páginas 214-17).

- **Pregue com fita adesiva um dos cristais** sobre o chakra do baço (aproximadamente um palmo abaixo da axila esquerda). Isso imediatamente corta os ganchos de piratas energéticos.

- **Agora visualize uma pirâmide grande** e tridimensional descendo a partir do chakra do baço desde logo abaixo da axila esquerda até a cintura, na frente e atrás do corpo. Apoie a pirâmide no chão. Você protegerá seu baço ainda mais.

- **Para se encher novamente de poder**, substitua o cristal pelo Quantum Quattro ou por outra pedra de poder.

- **Para se proteger de outra forma**, repita a visualização do cristal e da pirâmide, usando cristais vermelhos sobre o fígado (para proteção contra a raiva de outros), cristais amarelos sobre o plexo solar (para se proteger daqueles desesperados por alimento emocional) ou cristais verdes ou cor-de-rosa sobre o coração (para não captar a dor dos outros). Agora registre sua experiência no espaço fornecido.

Minha experiência de proteção do baço

Data _____ **Hora**_____

Cristais _____

Minha experiência_____

_____

_____

_____

O melhor cristal para proteger meu baço foi _____

_____

_____

O melhor cristal para proteger meu fígado foi _____

_____

_____

O melhor cristal para proteger meu plexo solar foi _____

_____

_____

O melhor cristal para proteger meu coração foi _____

_____

_____

Como proteger seu ambiente

Posicionar cuidadosamente os cristais em uma grade oferece um espaço seguro, pacífico e energeticamente limpo no qual viver, amar, trabalhar, brincar e meditar. Lembre-se de unir os cristais com uma varinha para completar a grade.

Exercício 17 USE SISTEMAS DE GRADEAMENTO

- **Você precisará de**: uma seleção de cristais para grade protetora (ver páginas 126-28) e uma varinha.

- **Estude as grades nas páginas 126-28** para descobrir a que formas você responde intuitivamente. Coloque em primeiro lugar a grade no chão, como mostrado. Una os cristais com a varinha e depois fique no centro para ver o que você sente.

- **Tente todas as grades**, uma de cada vez, variando os cristais quando for adequado.

- **Quando descobrir a grade e os cristais** que ressoam melhor com sua energia, coloque essa grade em torno de sua casa, quarto ou área de trabalho e deixe-a ali. Agora registre sua experiência no espaço fornecido.

Minha experiência com a grade

Data _____ **H**ora_____

Cristais _____

Forma da grade_____

Efeito em mim _____

_____

Data _____ **H**ora_____

Cristais _____

Forma da grade_____

Efeito em mim _____

_____

Data _____ **H**ora_____

Cristais _____

Forma da grade_____

Efeito em mim _____

_____

Data _____ **Hora** _____

Cristais _____

Forma da grade _____

Efeito em mim _____

_____

Data _____ **Hora** _____

Cristais _____

Forma da grade _____

Efeito em mim _____

_____

Data _____ **Hora** _____

Cristais _____

Forma da grade _____

Efeito em mim _____

_____

COMO SER SEU PRÓPRIO AGENTE DE CURA COM OS CRISTAIS?

Origens da doença energética

A doença é um estado de desequilíbrio que resulta de descompensações físicas, sentimentos bloqueados, emoções reprimidas, pensamentos tóxicos ou stress ambiental (causado pelo excesso de estímulo eletromagnético ou "síndrome do edifício doente"). Se continuar sem tratamento, a doença energética pode finalmente resultar em doença física. Porque curar significa reequilibrar, os cristais são uma forma excelente de corrigir desequilíbrios no corpo, emoções, mente, aura e chakras (ver páginas 82-7).

Todos nós somos cristaloterapeutas em potencial, e é fácil estimular a autocura colocando cristais sobre ou em torno do corpo, o que pode incluir usar um cristal por longos períodos ou colocar ou prender um cristal sobre um órgão por um período mais curto.

O sistema imunológico

Suas primeiras linhas de defesa contra a invasão da doença energética e de vírus e bactérias são seu sistema imunológico físico e psíquico. O desequilíbrio do sistema imunológico pode levar à doença. Se, por exemplo, ele estiver hipoativo, a infecção viral como gripes e resfriados pode ocorrer. Se estiver superativo, você pode ter tendência à artrite reumatoide e ao lúpus. Um sistema imunológico físico disfuncional é uma resposta comum ao stress ambiental, emocional, mental ou físico. Um distúrbio no sistema imunológico psíquico é normalmente causado por emoções ou pensamentos tóxicos ou por energias ambientais negativas, mau-olhado ou chakras bloqueados.

Para descobrir se seu sistema imunológico está desequilibrado, você pode usar a radiestesia (ver páginas 20-1) ou julgar por você mesmo a reação dele a um cristal específico. Então poderá restaurar o equilíbrio, estimulando-o ou acalmando-o através da glândula do timo, situada no centro do peito, aproximadamente um palmo abaixo da clavícula. Para melhorar seu sistema imunológico físico, coloque um pedaço de Smithsonita em cada canto de sua cama e prenda com esparadrapo uma Turmalina Verde ou uma Pedra de Sangue sobre o timo, deixando-a ali durante a noite. Para melhorar seu sistema imunológico psíquico, tente colocar Turmalina Preta, Brandenberg, Ametista ou Selenita sobre o timo.

Estimulantes imunológicos

- **Stress ambiental**: Pedra de Sangue, Smithsonita, Ametista, Quartzo Transparente, Aventurina Verde
- **Stress emocional**: Quartzo Rosa, Danburita
- **Stress mental**: Sodalita, Turmalina Verde
- **Vírus**: Fluorita, Quartzo Catedral, Anfibólio
- **Sistema autoimunológico**: Turmalina da Paraíba ou outra

Anote qualquer outro cristal que você achar eficaz nos exercícios que acompanham este capítulo.

 Este exercício é adequado para Todos os cristais mencionados acima ou que você escolher intuitivamente.

 Trabalhe com seus cristais agora Para explorar o efeito dos cristais em seu sistema imunológico, vá ao Exercício 18: Como Descobrir o Cristal do seu Sistema Imunológico nas páginas 162-63.

 Ainda não cheguei lá Vá às páginas 82-7 para rever as informações sobre cristais e os chakras, ou vá às páginas 152-57 para descobrir sobre os cristais e os órgãos.

Os cristais e as emoções

Usar cristais é uma maneira excelente de equilibrar seu humor e de transmutar emoções negativas em positivas. Frequentemente a doença energética é causada por emoções tóxicas e sentimentos reprimidos aos quais sem querer nos prendemos quando já tiveram seu prazo de validade vencido. Já que essas emoções são tão profundas, não temos ideia do que está causando nossa angústia interior. Os cristais revelam essas vulnerabilidades ocultas, trazendo-as gentilmente à nossa atenção e mostrando como descobrir o dom escondido nelas – a indicação do bem-estar emocional.

As emoções tóxicas podem ser mantidas no interior do coração, dos chakras ou da aura. Por isso, colocar os cristais adequados nesses pontos é extremamente benéfico. Você pode precisar repetir isso diariamente ou colar com esparadrapo os cristais ali por vários dias, enquanto a causa subjacente da doença energética vem à superfície. Então você pode pedir a outro cristal que ajude em sua cura – pode usar a radiestesia com os dedos intuitivamente para escolhê-lo (ver página 21) ou ler suas propriedades detalhadas na Lista de Cristais nas páginas 26-32 ou em um dos volumes de *A Bíblia dos Cristais*. Você também pode usar as Essências de Pedras (ver páginas 190-92) para curar a doença energética emocional.

Essa não é, de maneira alguma, uma lista definitiva de cristais para a cura emocional, mas vai ajudá-lo a transformar sua doença emocional em bem-estar emocional. Tome nota de todos os outros cristais que achar mais eficazes nos exercícios que acompanham este capítulo.

CRISTAIS PARA A CURA EMOCIONAL

Sensação de impotência
CHAKRA: Terra
CRISTAL: Quartzo-enfumaçado
EMOÇÃO POSITIVA: Fortalecimento

Ciúme
CHAKRA: Coração
CRISTAL: Aventurina Verde
EMOÇÃO POSITIVA: Compaixão

Insegurança
CHAKRA: Básico
CRISTAL: Jaspe Vermelho
EMOÇÃO POSITIVA: Segurança

Carência
CHAKRA: Coração superior
CRISTAL: Quartzo Rosa
EMOÇÃO POSITIVA: Amor incondicional

Baixa autoestima
CHAKRA: Sacro
CRISTAL: Cornalina Laranja
EMOÇÃO POSITIVA: Autoconfiança

Deslealdade
CHAKRA: Garganta
CRISTAL: Ágata Rendada Azul
EMOÇÃO POSITIVA: Lealdade

Inferioridade
CHAKRA: Plexo solar
CRISTAL: Jaspe Amarelo
EMOÇÃO POSITIVA: Empatia

Autoilusão
CHAKRA: Testa
CRISTAL: Sodalita
EMOÇÃO POSITIVA: Clareza emocional

Ressentimento
CHAKRA: Base e Coração
CRISTAL: Rodorita
EMOÇÃO POSITIVA: Apreciação

Arrogância
CHAKRA: Coroa
CRISTAL: Quartzo Transparente
EMOÇÃO POSITIVA: Alegria

Libertando-se do passado

A Obsidiana Arco-íris ou qualquer outro cristal com listras é a ferramenta perfeita para se libertar do passado. Se você o tem em sua coleção, você o escolheu intuitivamente porque está se apegando a algo nocivo ao seu bem-estar e porque ele oferece revelações em relação aos dons que estão no núcleo dessa situação.

Se o seu amor o deixou e você está tendo dificuldade em libertá-lo, por exemplo, usar uma Obsidiana Arco-íris ou uma Rodocrosita sobre o coração cortará as cordas do amor antigo e lhe dará forças para seguir adiante. Esses cristais ajudam você a reconhecer as lições que aprendeu, a força interior que o susteve e as qualidades que desenvolveu durante o relacionamento. A suave Ágata Rendada Azul ajudará você a dizer o que nunca teve coragem de dizer antes, a expressar sentimentos ou a manifestar sua energia criativa.

Qualquer cristal listado é perfeito para facilitar a jornada da autodescoberta. Quando você fizer sua jornada interior, poderá ver imagens claras, experimentar sensações físicas ou emocionais ou simplesmente *saber*; as impressões se tornam mais claras à medida que você as escreve, então, mantenha um registro na seção fornecida para isso.

Ágata Rendada

Azul Malaquita

Ágata Listada

Obsidiana Arco-íris

> **Essa jornada é adequada para o** Jaspe Listado ou Espiralado, Ágata Listada, Ágata Botswana, Ágata Rendada Azul, Olho de Tigre, Olho de Falcão, Malaquita, Rodocrosita, Quartzos-fantasmas, Amolita, Crisotila, Quartzo Xamã, Caroíta, Pedra Nebula, Riólito, Sugilita; avaliar as propriedades de qualquer cristal listado ou espiralado.

Trabalhe com seus cristais agora Vá ao Exercício 19: Sua Jornada com a Obsidiana Arco-íris, na página 166, lembrando-se de preparar seu cristal antes de começar (ver páginas 22-3). A jornada pode ser feita em várias etapas, se você desejar.

Ainda não cheguei lá Se você não se sentir em sintonia com um cristal de cura, vá ao Exercício 4: Como Entrar em Sintonia com os seus Cristais, nas páginas 44-5.

Os cristais e os órgãos

Vários cristais ressoam com órgãos específicos e podem ser usados para ajudar a curar e reequilibrar um órgão. Você pode colocar o cristal sobre o chakra mais próximo ao órgão ou sobre o órgão propriamente dito e deixá-lo ali por 15 a 20 minutos. As disposições de cristais também podem ser extremamente úteis para desintoxicar seus órgãos (ver página 170).

Na antiguidade, a cura pelos cristais surgiu por causa de noções de semelhança e correspondência: pedras que se pareciam com determinado órgão o curariam. A Pedra de Sangue, que é verde e vermelha, tem sido usada há 5 mil anos para curar o sangue e os órgãos ricos em sangue e para fortalecer os rins. Ela ainda é usada hoje, assim como a Ágata Pele de Cobra, um cristal muito enrugado usado para ajudar nos problemas de pele.

Anatomia física e sutil

Para posicionar os cristais para seu máximo efeito, você precisa saber a localização dos órgãos. Se você já conhecer os meridianos energéticos, também poderá usá-los para a cura com os cristais.

> **Este exercício é adequado para** Pedra de Sangue, Ametista, Jaspe Vermelho, Quartzo-enfumaçado, Sodalita, Jaspe Amarelo e outras pedras desintoxicantes.

Trabalhe com seus cristais agora Para experimentar a desintoxicação com cristais, vá ao Exercício 20: Seu Esquema Desintoxicante, na página 170.

Ainda não cheguei lá Estude o diagrama da anatomia física na página ao lado para aprender a localização dos órgãos, ou vá às páginas 82-7 para verificar os chakras e se assegurar de que não haja bloqueios.

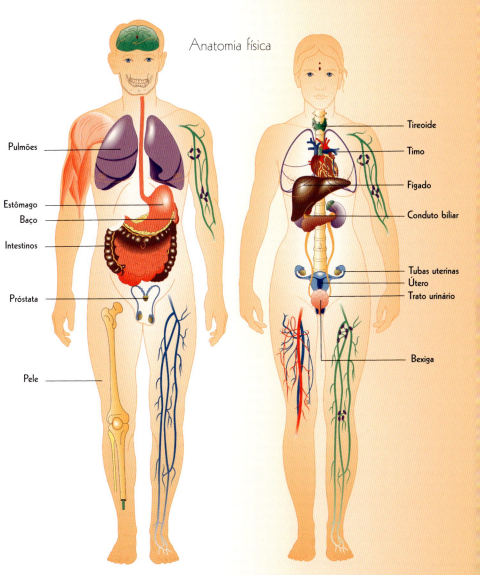

Anatomia sutil

As várias camadas da aura se mesclam e podem aparecer em cores diferentes para o clarividente.

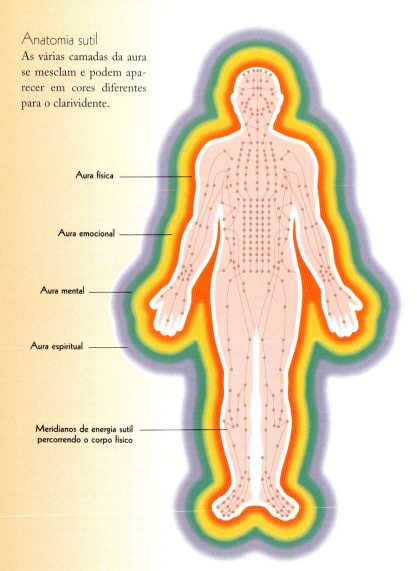

Aura física

Aura emocional

Aura mental

Aura espiritual

Meridianos de energia sutil percorrendo o corpo físico

ESQUEMA DESINTOXICANTE

Se nosso corpo estiver sobrecarregado de toxinas, não poderá permanecer saudável. Quando você estimula o fígado usando o esquema desintoxicante, o sistema linfático é estimulado a remover as toxinas e elas são excretadas, provocando a limpeza física. Colocar o jaspe amarelo sobre o plexo solar também provoca uma desintoxicação emocional; se você sentir que precisa desintoxicar sua mente, acrescente cristais como a Fluorita e a Sodalita.

Você pode trocar os cristais e adaptar o esquema desintoxicante da página 170 para trabalhar em órgãos diferentes. Escolha os que correspondem ao órgão que você quiser reequilibrar buscando na lista das páginas 156-57 e posicionando-os adequadamente.

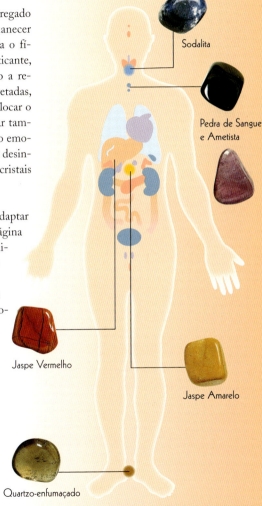

Sodalita

Pedra de Sangue e Ametista

Jaspe Vermelho

Jaspe Amarelo

Quartzo-enfumaçado

LISTA DE CORRESPONDÊNCIAS DE CRISTAIS E ÓRGÃOS

Esta lista não é absolutamente definitiva, e você pode acrescentar mais cristais a ela a partir dos que você descobrir serem eficientes fazendo os exercícios que acompanham este capítulo.

Vesícula Jaspe, Gaspeíta, Jade

Bexiga e trato urinário Âmbar, Jaspe, Jade, Calcita Laranja, Zincita Amarela, Pedra de Sangue

Intestinos Jaspe, Âmbar, Rubi, Quartzo Transparente, Pirita de Ferro, Pedra de Sangue

Cérebro Lápis-lazúli, Fluorita, Magnesita

Sistema endócrino Amazonita, Âmbar, Ametista, Turmalina, Jaspe, Citrino, Ágata de Fogo, Quartzo Verde, Quartzo Aura da Tanzânia

Olhos Ágata Rendada Azul, Safira, Crisopásio, Água-marinha, Vivianita

Tubas uterinas e útero Crisopásio, Pedra da Lua, Pederneira

Jaspe

Âmbar

Pirita de Ferro

Ágata Pele de Cobra

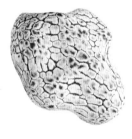

Lápis-lazúli

Vesícula biliar Cornalina, Gaspeíta, Jaspe, Topázio, Jade

Fígado Ametista, Tugtupita, Água-marinha, Berilo, Pedra de Sangue, Caroíta, Jaspe, Jade, Topázio, Gaspeíta

Pulmões Rodocrosita, Crisocola, Turquesa, Pirita de Ferro

Sistema linfático Turmalina, Zincita, Halita

Pâncreas Opala Rosa, Serpentina

Próstata Crisopásio

Pele Ágata Pele de Cobra, Safira, Água-marinha

Baço Aventurina Verde, Fluorita Verde, Quartzo Aura Maçã, Jade Verde

Estômago Ágata, Ágata de Fogo, Turquesa, Lápis-lazúli

Timo Smithsonita, Pedra de Sangue

Tiroide Quartzo Aura da Tanzânia, Rodocrosita, Sodalita

Os cristais e a mente

O cérebro tem um efeito poderoso na maneira como nos sentimos, porque secreta substâncias que alteram o humor, mas, apesar disso, você tem o poder de controlar sua mente. Aprender a invocar a criatividade e a clareza da energia dos cristais ajudará você a reprogramar seu cérebro e mente a trabalhar da melhor forma possível.

Os cristais podem afetar sua capacidade de pensar claramente e de analisar as situações. Eles também acalmam uma mente hiperativa e revigoram uma mente lenta. Manter uma Pedra de Sangue no seu bolso durante as provas, por exemplo, ajuda você a se concentrar e a superar a fadiga cerebral. Usar cristais em brincos ou colocar um deles sob o travesseiro à noite é outra maneira excelente de manter sua mente concentrada. Os cristais que libertam de pensamentos ou crenças nocivas e inúteis ou que ajudam a superar padrões profundamente arraigados são brincos eficazes. Você também pode usar a disposição de cristal para obter resultados específicos (veja a ilustração ao lado e no exercício na página 174).

 Este exercício é adequado para Qualquer dos cristais mencionados na página 160 ou o que você escolher intuitivamente.

 Trabalhe com seus cristais agora Para melhorar a memória e poder de concentração, vá ao Exercício 21: Como Aguçar a Mente, na página 174.

 Ainda não cheguei lá Leia todos os seus registros feitos até agora nos exercícios de cada capítulo. Você consegue ver algum pensamento ou crença arraigada e constante em suas experiências? Algum dos cristais mencionados na página 160 sugere soluções para isso?

Esquema para aguçar a mente

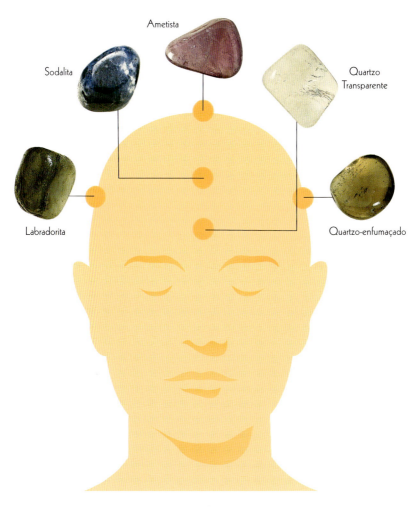

CRISTAIS PARA A MENTE

Esta lista não deve ser definitiva, e você pode acrescentar outros cristais à medida que descobrir mais sobre suas propriedades de aperfeiçoamento da mente. Anote os cristais que você achar eficazes nos exercícios que acompanham este capítulo.

Concentração, foco, memória e aprendizagem Ametista, Cornalina, Labradorita, Quartzo Transparente, Fluorita, Quartzo-enfumaçado, Sodalita, Pedra de Sangue

Tomada de decisões e busca de soluções alternativas Ametista, Pedra de Sangue, Crisocola, Quartzo Rosa

Criatividade Aventurina Verde, Jaspe, Quartzo Rosa, Sodalita

Acalmar o stress mental Ágata Rendada Azul, Celestita

Para dissolver condicionamento mental rígido Sodalita

Lidar com vícios Ametista

Superar a depressão Kunzita, Pedra do Sol

Resolver crises de meia-idade Quartzo Rosa

Enfrentar ataques de pânico Sodalita, Quartzo Rosa

Lidar com neuroses Aventurina Verde

Combater a sensibilidade exagerada Sodalita, Ametista, Turmalina Preta

Transformar pensamentos negativos em positivos Quartzo-enfumaçado, Pedra do Sol

EXERCÍCIOS DE CURA

Os exercícios nesta seção ajudarão você a manter sua mente, sistema imunológico, corpo e emoções em ótimas condições para se sentir bem e à vontade.

Cristais para autocura

Selecione dois ou três cristais da lista de estimuladores do sistema imunológico na página 147 e limpe-os cuidadosamente (ver páginas 22-3). Você pode usar a radiestesia com os dedos para escolhê-los, ou faça-o intuitivamente (ver páginas 20-1). Por exemplo, você pode escolher a Pedra de Sangue porque é um bom cristal geral de cura que estimula ou seda o sistema imunológico, dependendo do necessário. A Fluorita, porque é um bom curador viral que protege das gripes e resfriados ou a Sodalita, porque você está guardando pensamentos obsessivos e nocivos que estressam você à medida que emergem, logo antes de dormir ou durante a noite.

 Exercício 18 COMO DESCOBRIR O CRISTAL DO SEU SISTEMA IMUNOLÓGICO
CD FAIXA 3 (OPCIONAL)

- **Você precisará de**: dois ou três cristais ativadores do sistema imunológico, limpos e ativados, ou outros cristais de cura (veja acima).

- **Relaxe e entre em sintonia com seu timo** no centro do peito, aproximadamente um palmo abaixo da clavícula, do mesmo modo que você entraria em sintonia com um cristal (ver páginas 44-5). Seu timo parece inchado, rápido e apressado, ou parece reagir lentamente?

- **Pense no que pode estar causando** seu stress. Se quiser, escolha um cristal adicional e coloque-o no lugar adequado.

- **Pegando cada cristal por vez**, coloque-o sobre o timo. Deixe-o ali de 10 a 15 minutos e observe como seu corpo reage. Você se sente mais relaxado, sua mente desacelera ou uma onda de bem-estar passa por seu corpo? Como seu timo reage, ele desacelera ou se apressa?

- **Você se conscientiza** de alguma outra parte do seu corpo que precisa de apoio — o baço, por exemplo, que é uma parte importante do sistema imunológico? Em caso positivo, descubra o cristal adequado, como, por exemplo, a Aventurina Verde, que protege contra os vampiros psíquicos que sugam sua energia.

- **Tente bater de leve 7 vezes com o cristal** sobre o timo ou dos dois lados dele. Observe se isso aumenta o efeito do cristal.

- **Quando tiver definido** seu cristal estimulante imunológico favorito, coloque-o sobre o timo; ponha um Quartzo Transparente no centro da testa sempre que quiser estimular sua resposta imunológica. Coloque suas mãos na virilha, em ambos os lados. Relaxe por 10 minutos. (Repita isso diariamente por uma semana.) Ou então, bata suavemente com o cristal estimulante imunológico sobre o timo. Agora registre sua experiência no espaço fornecido.

Minha experiência com cristais estimuladores do sistema imunológico

Data _____ **Hora** _____

Cristais _____

Minha experiência _____

_____

_____

_____

_____

Como senti meu timo? _____

_____

_____

_____

_____

Estou sofrendo de stress? Em caso positivo, de que tipo? _____

_____

_____

_____

_____

_____

Que cristais estimulantes ou sedantes imunológicos funcionam melhor para mim?

Bater de leve com o cristal funciona para mim?

Que efeito teve a estimulação do meu sistema imunológico por uma semana?

A qualidade do meu sono melhorou?

Quais são as outras causas principais de stress e que cristais me ajudariam a superá-las?

Libertando-se do passado

Este exercício foi criado para a Obsidiana Arco-íris, mas qualquer cristal listado com o qual você tenha entrado em sintonia será igualmente eficaz. Reserve algum tempo para fazer essa jornada, mesmo que você seja muito ocupado.

Você pode ouvir a faixa do CD do começo ao fim e depois escrever suas experiências ou pausá-lo nos interlúdios musicais enquanto registra sua experiência a cada etapa.

Exercício 19 SUA JORNADA COM A OBSIDIANA ARCO-ÍRIS

CD FAIXA 5 (PARA SEGUIR O ROTEIRO, VÁ ÀS PÁGINAS 248-49)

- **Você precisará de**: uma Obsidiana Arco-íris limpa e ativada ou algum outro cristal listado.

- **Toque a faixa 5 do CD agora** e siga as instruções para a jornada da Obsidiana Arco-íris. Então registre sua experiência no espaço fornecido.

Minha experiência com a jornada da Obsidiana Arco-íris

Data _____ **Hora** _____

Cristal _____

Minha experiência _____

_____

_____

_____

_____

Como eu escolhi esse cristal? _____

_____

_____

_____

_____

Como meu passado estava afetando meu presente? _____

_____

_____

_____

_____

_____

_____

O que eu precisei liberar?

Com que facilidade eu perdoei?

Algum outro cristal teria ajudado no processo?

Que dons eu descobri?

Como posso ativá-los em minha vida?

Que outras propriedades o cristal tinha?

Seu esquema de cristais

Peça a um amigo que o ajude neste exercício, colocando os cristais sobre você na ordem solicitada. Se você precisar fazer o exercício sozinho, coloque as pedras inferiores primeiro nos pés e no plexo solar, depois se deite e coloque as outras no lugar. Você pode adaptar o esquema para trabalhar em outros órgãos e escolher os cristais com os quais eles se correspondem (ver páginas 156-57). Para recapitular a localização dos órgãos, veja as ilustrações na página 153.

Exercício 20 SEU ESQUEMA DESINTOXICANTE
CD FAIXA 3 (OPCIONAL)

- **Você precisará de**: Pedra de Sangue, Ametista, Jaspe Vermelho, Quartzo-enfumaçado, Sodalita, Jaspe Amarelo ou outras pedras desintoxicantes de sua escolha.

- **Deite-se confortavelmente e relaxe**. Coloque a Pedra de Sangue e a Ametista sobre o timo.

- **Coloque o Jaspe Vermelho sobre o fígado** (na base das costelas, do lado direito).

- **Coloque a Quartzo-enfumaçado** entre os pés.

- **Coloque a Sodalita** na base da garganta.

- **Coloque o Jaspe Amarelo** sobre o plexo solar. Relaxe com ele ali de 10 a 20 minutos.

- **Tire as pedras e limpe-as cuidadosamente**. Beba muita água nas próximas 24 horas. Agora registre sua experiência no espaço fornecido.

Minha experiência com o esquema desintoxicante

Data _____ **Hora** _____

Cristais _____
_____

Minha experiência _____
_____
_____
_____

Como me senti antes do esquema de cristais _____
_____
_____

Como me senti imediatamente depois do esquema de cristais _____
_____
_____

Como me senti 24 horas depois _____
_____
_____
_____

Outras experiências com o esquema de cristais

Data _____ **Hora**_____

Cristais _____

_____

Razão para o esquema de cristais _____

_____

Efeito imediato _____

Efeito após 24 horas _____

_____

Data _____ **Hora**_____

Cristais _____

_____

Razão para o esquema de cristais _____

_____

Efeito imediato _____

Efeito após 24 horas _____

_____

Data _____ **Hora** _____

Cristais _____

_____

Razão para o esquema de cristais _____

_____

Efeito imediato _____

_____

Efeito após 24 horas _____

_____

Data _____ **Hora** _____

Cristais _____

_____

Razão para o esquema de cristais _____

_____

Efeito imediato _____

_____

Efeito após 24 horas _____

_____

Cristais para a mente

Os cristais podem ser um grande auxílio para a mente, e um simples esquema de cristais pode ajudar você a pensar mais claramente e a aguçar a memória. Este exercício faz uma grande diferença mental. Antes de começar, olhe no mapa esse esquema simples das páginas 158-59. Você pode querer se familiarizar com a posição dos chakras também, mostrada nas páginas 84 e 95-6. Repita o esquema de cristais todo dia por uma semana e varie as pedras se você sentir intuitivamente que são adequadas.

 ## Exercício 21 COMO AGUÇAR A MENTE
CD FAIXA 3 (OPCIONAL)

- **Você precisará de**: Seixos rolados limpos e ativados de uma Ametista, Sodalita, Quartzo Transparente, Labradorita e Quartzo-enfumaçado.

- **Deite-se confortavelmente e coloque** a Ametista acima da cabeça (no chakra da coroa).

- **Coloque a Sodalita no alto da testa** (em cima do chakra soma) e o Quartzo Transparente, mais embaixo, sobre o terceiro olho.

- **Coloque a Labradorita** à direita e o Quartzo-enfumaçado à esquerda.

- **Se você tiver um problema que precise de solução**, pense nele por alguns instantes e peça a solução, depois o esqueça. Feche os olhos e relaxe com os cristais no lugar de 10 a 20 minutos. Se tiver tido um problema, deixe que a solução surja na sua mente no momento adequado.

- **Recolha os cristais e se levante devagar**, ancorando-se por meio da visualização de uma corda prendendo você à Terra e ao seu corpo físico. Agora registre a experiência no espaço fornecido.

Minha experiência para aguçar a mente

Data _____ **Hora** _____

Cristais _____

_____

_____

_____

Minha experiência _____

_____

_____

_____

_____

_____

Como me senti enquanto colocava os cristais? _____

_____

_____

_____

_____

_____

A solução para meu problema apareceu imediatamente? _____

_____

_____

_____

_____

Como tem estado minha memória desde que fiz o esquema? _____

_____

_____

_____

_____

O fato de repetir o esquema por uma semana melhorou minha concentração? _____

_____

_____

_____

_____

_____

COMO MANTER OS CRISTAIS ATIVOS?

Trabalhe todos os dias com os cristais

A maneira mais importante de manter seus cristais funcionando é limpá-los, energizá-los e ativá-los regularmente. Lembre-se de que se você não pedir a seus cristais que colaborem com você, não se sentirão seguros do papel deles em sua vida. Quanto mais você trabalhar com eles, mais as energias humanas e cristalinas se mesclarão, e as pedras captarão qualquer pedido silencioso instantaneamente. A melhor maneira de assegurar isso é falar com seus cristais e segurá-los todos os dias. Trabalhar com eles o máximo possível e mantê-los por perto ajuda você a viver no mundo dos cristais. Respeitar seus cristais também ajuda. Eles são seres vivos – têm a capacidade de sentir e de saber – e, se você honrar esse fato e respeitar o conhecimento deles, eles trabalharão ainda mais para você. Uma das melhores maneiras de trabalhar diariamente com seus cristais é colocá-los no seu banho (ver página 180), ou meditar com eles (ver página 194). Quando você estiver meditando, pode criar uma mandala de cristais ou se concentrar em um deles em especial – quando você tiver feito a meditação algumas vezes, suas ondas cerebrais automaticamente cairão no padrão mais condutivo quando você pegar seu cristal de meditação.

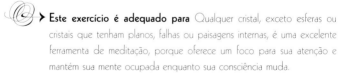

Este exercício é adequado para Qualquer cristal, exceto esferas ou cristais que tenham planos, falhas ou paisagens internas, é uma excelente ferramenta de meditação, porque oferece um foco para sua atenção e mantém sua mente ocupada enquanto sua consciência muda.

Trabalhe com seu cristal agora Para meditar com seu cristal, vá ao Exercício 22: Como Viajar pelos Planos Interiores, na página 194.

Ainda não cheguei lá Ouça a faixa 1 do CD e siga as instruções para relaxamento, concentração e abertura.

Banho com os cristais

Tomar um banho com seus cristais é uma ótima experiência. Alguns deles, como a Halita, se dissolvem na água, oferecendo a você uma limpeza e revitalização energética completa. Outros dão a você uma experiência de amor cristalino.

Para criar um banho de amor com cristais, prepare o ambiente cuidadosamente. Acenda uma vela com perfume de rosas em um castiçal de Quartzo Rosa, porque rosa é o perfume de Vênus, a deusa do amor. Acrescente algumas gotas de óleo de rosa à água do banho, se desejar. O Quartzo Rosa é o favorito da Deusa do Amor, mas Danburita, Larimar, Rodonita e muitos outros cristais carregam sua energia.

Coloque-os na água ou acrescente-os como essência de pedras. Os delicados devem ser colocados em torno da borda da banheira.

Quando você estiver no banho, recoste-se, feche os olhos e deixe que a água mareje gentilmente ao seu redor, levando a vibração do cristal até o interior de sua pele. Massageie a região do coração e do ventre com um cristal. Deixe-se imergir na vibração do cristal por pelo menos 20 minutos, abrindo seu coração para o amor. Enquanto se seca, agradeça aos cristais por seu auxílio e seque-os também cuidadosamente.

Quartzo Rosa

Massagem com os cristais

As varinhas de cristal com as pontas suavemente arredondadas, em forma de ovo ou roladas são excelentes para liberar a tensão e infundir a você as qualidades da pedra. Use o Quartzo Rosa para obter amor e perdão incondicional, Rodonita para apagar gentilmente as lembranças de abuso, Quartzo Rutilado para sair do humor depressivo, Cornalina, Quartzo Transparente ou Jaspe Vermelho para revitalização geral. A Ametista elevará você espiritualmente, a Angelita é usada para experiências angélicas. Você também pode usar qualquer outro cristal que você ache adequado.

Massageie suavemente o corpo todo com o cristal ou o máximo que puder. Se seu parceiro quiser massageá-lo, melhor ainda. Compartilhar os efeitos de um de seus cristais favoritos com seu parceiro ou amigo é uma experiência profundamente íntima, especialmente se você fizer a massagem enquanto a recebe.

 › Este exercício é adequado para Qualquer pedra arredondada ou rolada; não se deve usar cristais pontudos para a massagem.

 Trabalhe com seus cristais agora Para uma massagem relaxante, vá ao Exercício 23: Automassagem com os Cristais, nas páginas 196-97.

 Ainda não cheguei lá Saia e compre uma varinha de massagem ou ovo de cristal pelo qual você se sinta atraído.

Ametista — use a ponta arredondada

Quartzo Rosa — use a ponta arredondada

Conversando com os cristais

Quanto mais você conversar com seus cristais, mais eles responderão a você – mesmo que você ria da ideia de falar com eles, lembre-se de que sempre que pede a um deles que trabalhe com você, já está conversando com ele. Quando entra em sintonia com um cristal, você permite que ele fale com você. Essa "conversa" pode ser em voz alta ou apenas em pensamento.

A telepatia flui muito bem depois de você entrar em sintonia com um cristal e tem a vantagem de receber ajuda dele sempre que você precisar, não importa a distância entre vocês dois. Essa ferramenta é especialmente poderosa se você tiver o hábito de meditar com seus cristais, porque você pode pedir a eles que o ajudem durante a meditação e depois esquecer até precisar novamente da ajuda deles.

Você pode, obviamente, carregar seus cristais sempre com você, usando-os junto ao corpo ou mantendo-os em seu bolso. Enquanto estiver com eles, fale com eles em pensamento. E não se surpreenda se eles começarem a responder!

> **Este exercício é adequado para** Conversas com qualquer um dos cristais de sua coleção, mas especialmente os bicolores, como a Merlinita, a Pedra Zebra, a Gaspeíta, a Atlantasita, a Pedra Dálmata, o Jaspe, a Rodonita ou cristais que equilibram o yin e yang.

Trabalhe com seus cristais agora Para aprender a conversar com eles e a descobrir seu equilíbrio interior, vá ao Exercício 24: Como Encontrar seu Equilíbrio Interior nas páginas 198-99. Você pode aplicar os mesmos princípios a qualquer conversa que quiser ter com seus cristais.

Ainda não cheguei lá Volte à página 44 e entre em sintonia com seus cristais.

Pedras bicolores

Gaspeíta

Atlantasita

Pedra Dálmata

Lingam de Shiva

Jaspe

Merlinita

Como incorporar novas qualidades espirituais

Quanto mais claras e leves se tornarem suas vibrações e quanto mais você entrar em sintonia com os cristais, mais seus dons espirituais se desenvolverão e maior será o aumento de sua sensibilidade.

Os cristais têm o desejo profundo de compartilhar a sabedoria que conquistaram durante milhões de anos na Terra, e podem nos dar orientação espiritual. Muitas dessas orientações nos vêm por meio de sonhos e sinais, e quanto mais sensível você for, mais poderá se conscientizar desses sinais sutis. Você também pode usar o exercício da página 202 para atrair qualidades específicas para você, tais quais, compaixão, aceitação e perdão incondicional ou amor universal. Tudo de que você precisa é selecionar o cristal correto para trazer a qualidade ou o dom espiritual para você (ver páginas 188-89).

> **Este exercício é adequado para** Crisopásio ou Dioptásio para compaixão, Calcita Mangano, Crisoberilo, Crisopásio, Lágrima de Apache, Rodonita, Pedra Infinita, Okenita, Quartzo Rosa, Sugilita, Rodocrosita ou Tugtupita para perdão, ou qualquer outro cristal que abra seus dons e qualidades espirituais (ver páginas 188-89).

> **Trabalhe com seus cristais agora** Para abrir a intuição e receber impressões espirituais, vá ao Exercício 25: Como Acessar seus Dons Espirituais, na página 202.

> **Ainda não cheguei lá** Passe algum tempo relaxando e pensando sobre as informações das páginas 188-89.

Esquema de cristais para desenvolver dons espirituais

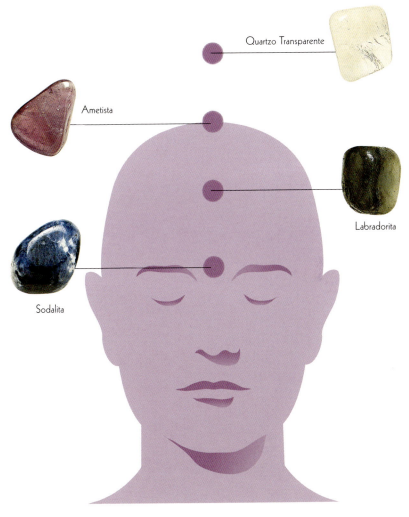

LISTA DE CRISTAIS PARA DONS ESPIRITUAIS

Intuição Saber de determinadas coisas sem ter que usar a razão ou a lógica; a intuição une informações separadas para que ocorra um grande progresso. Uma sensação sutil acontece em seu corpo ou coração, e depois é comunicada à sua mente.

CRISTAIS QUE AUMENTAM A INTUIÇÃO: Apofilita, Selenita, Labradorita, Ametista, Calcita Amarela, Calcita Asa de Anjo, Lápis-lazúli, Azurita, Pedra da Lua, Safira Estrela, Amazonita, Celestita, Sodalita, Quartzo-enfumaçado, Smithsonita Lavanda, Azeztulita, Petalita, Quartzo-fantasma, Ametrina, Aqua Aura, Cianita, Apatita, Atacamita

---

Sabedoria interior Muitas vezes chamada de voz do coração ou da alma. Estar em sintonia com sua sabedoria interior é o aquietar do cotidiano e silenciar os estímulos do mundo exterior. Você acessa sua própria sabedoria no silêncio.

CRISTAIS QUE RESGATAM A SABEDORIA: Quartzo Catedral, Que Registra Impressões, Semente Lemuriana, Fantasmas, Elestiais, Serpentina, Quartzo Neve, Diamante Herkimer, pedras de alta vibração

Telepatia Transmissão de pensamentos, palavras, imagens e símbolos de uma mente para outra, de forma intencional e às vezes involuntária, sem verbalização ou dicas visuais; pode acontecer a grandes distâncias.

CRISTAIS PARA DESENVOLVER A TELEPATIA: Angelita, Calcedônia, Diamante Herkimer, Selenita, Fantasmas, Quartzo Elestial e outros.

Precognição Movimento em direção ao futuro para acessar conhecimento.

CRISTAIS PARA DESENVOLVER A VISÃO: Peridoto, Moldavita, Petalita, Azeztulita, Tectita do Deserto da Líbia, Azurita

---

Retrocognição Regressão ao passado para acessar conhecimentos e memórias de vidas passadas.

CRISTAIS PARA DESENVOLVER A VISÃO: Peridoto, Moldavita, Petalita, Azeztulita, Tectita do Deserto da Líbia, Azurita, Variscita, Eudialita

---

Psicocinese Movimento de objetos com o poder da mente.

CRISTAIS PARA DESENVOLVER A PSICOCINESE: Quartzo, Âmbar

Visão remota Também conhecida como viagem ou jornada astral, é a capacidade de deixar o corpo físico e viajar para outro lugar de forma consciente, trazendo de volta um relatório do que foi visto ali.

CRISTAIS PARA DESENVOLVER A VISÃO REMOTA: Quartzo Xamã, Fantasmas, Avalonita, Brandenberg, Prasiolita, pedras de alta vibração

---

Clarividência Informações recebidas por meio de impressões, pensamentos, imagens e símbolos. Frequentemente a comunicação é com outro nível da existência, como os espíritos dos que partiram, mas pode envolver a leitura do conteúdo de um envelope selado ou algo semelhante

CRISTAIS PARA DESENVOLVER A CLARIVIDÊNCIA: Labradorita Amarela (Bytownita) Quartzo, Apofilita, Azurita com Malaquita, cristais de alta vibração.

Clariaudiência Informações recebidas por meio de uma voz distinta – frequentemente ouvida atrás da orelha – ou quando uma ideia "salta" à mente.

CRISTAIS PARA DESENVOLVER A CLARIAUDIÊNCIA: Dumortierita, Geotita, Quartzo Rio Laranja, Quartzo-fantasma

Clarissenciência é o súbito dom de receber informações de uma flor ou de algum objeto semelhante por meio da sensibilidade.

CRISTAIS PARA DESENVOLVER A CLARISSENCIÊNCIA: Pedra Azul de Preseli

---

Psicometria é a capacidade de ler as impressões retidas nos objetos ou lugares.

CRISTAIS PARA DESENVOLVER A PSICOMETRIA: Pedra Azul de Preseli

---

Canalização (transe) Um espírito ou ser que não se encontra mais na Terra (ou que se diz extraterrestre) se comunica através do médium vivo usando sua voz ou passando informações à sua mente.

CRISTAIS PARA DESENVOLVER A CANALIZAÇÃO: Moldavita, Celestita, Apofilita, Bustamita, Calcita Pedra das Fadas, Cavansita, Quantum Quattro, Quartzo Drusiforme, cristais de alta vibração

---

Psicografia Quando palavras aparecem sem se pensar nelas, com a sensação de que algo que não é você mesmo está usando suas mãos para escrever.

CRISTAIS PARA DESENVOLVER A PSICOGRAFIA: Pedra de Escrita Chinesa, Pedra da Caligrafia

Essências de pedras

A energia dos cristais pode passar para a água – como essência de pedras – e depois para seu corpo, porque eles funcionam com a ressonância e a vibração. Você pode criar as essências a partir de um único cristal ou de uma combinação deles, e então acrescentá-las à água do banho, passá-las na pele, dispersá-las em torno de sua aura com as mãos, pulverizá-las em seu ambiente ou ainda tomar algumas gotas delas 3 vezes ao dia.

Lembre-se de sempre usar pedras limpas e ativadas ao fazer as essências. Use o método indireto para pedras tóxicas ou quebradiças. Entre elas: Malaquita, Galena, Estibnita, Pedra Tiffany, Bornita, Berilo, Halita, Selenita e todos os cristais frágeis. Se você não sabe identificar quando um cristal é tóxico ou quebrável, use um cristal rolado e o método indireto.

Como fazer uma essência-mãe de pedras: método direto

Primeiro verifique se o cristal é tóxico (veja acima; se você tiver dúvidas, use o método indireto descrito na página 192). Então limpe seu cristal (ver páginas 22-3).

Coloque o cristal limpo em um recipiente de vidro limpo e cubra-o com água natural. Coloque o recipiente no sol por até 12 horas (cubra-o se necessário). Algumas essências gostam de ficar à luz da lua ou ao ar livre durante uma tempestade. Tire o cristal da água.

Se a essência for criada para ser guardada por mais de dois dias, coloque a água em uma garrafa de vidro, enchendo até um terço. Faça uma mistura com dois terços de conhaque ou vodka e um terço de água natural e use-a para encher a garrafa. Rotule e date claramente a garrafa. Essa é uma essência-mãe ou tintura. Guarde-a em um local fresco e escuro e dilua-a antes de usar, acrescentando sete gotas da garrafa a outra garrafa com um terço de conhaque e dois de água. Essa é uma garrafa para armazenar. Dilua novamente com sete gotas para um terço de conhaque e dois de água natural (ver página 204).

Observação: Não ingira essências de pedras tóxicas.

Como fazer uma essência-mãe de pedras: método indireto

Limpe seu cristal (ver páginas 22-3). Coloque o cristal limpo em uma bacia pequena de vidro e essa dentro de outra maior.

Derrame água mineral pura apenas no recipiente exterior. Coloque as duas vasilhas no sol por até 12 horas (cubra--as, se necessário).

Remova a água da bacia exterior e siga as instruções para o método direto na página 190.

> **Este exercício é adequado para** Qualquer cristal, mas verifique se ele é tóxico ou frágil antes de fazer a essência. Em caso positivo, use o método indireto acima. Para criar uma essência de proteção, use a Turmalina Preta, o Quartzo-enfumaçado, a Aventurina Verde ou outra pedra protetora que remova a negatividade.

Trabalhe com seus cristais agora Para fazer uma essência de pedras de cura, vá ao Exercício 26: Como Usar sua Essência de Pedras, na página 204.

Ainda não cheguei lá Volte às páginas 146-60 para verificar as propriedades de cura dos cristais que você pensa em usar para fazer uma essência de pedras.

EXERCÍCIOS PARA MANTER OS CRISTAIS ATIVOS

Estes exercícios ajudarão você a aprofundar sua conexão com os cristais, a elevar a consciência espiritual e a abrir mais sua intuição. Eles também ajudarão você a incorporar novas qualidades ao seu desenvolvimento espiritual e a experimentar essências de pedras.

Meditando com os cristais

Antes de começar a meditação com os cristais, assegure-se de que você não será perturbado, desligue o telefone e abaixe as luzes. Sente-se em uma posição confortável. Não se esqueça de limpar seu cristal antes de usá-lo (ver páginas 22-3).

 Exercício 22 COMO VIAJAR PELOS PLANOS INTERIORES

CD FAIXA 3 (OPCIONAL)

- **Você precisará de**: uma esfera de cristal limpa e ativada com planos interiores, falhas, fantasmas ou paisagens.

- **Sente-se confortavelmente e segure o cristal ou esfera** sem apertá-lo em suas mãos ou coloque-o na mesa à sua frente, com as mãos repousando sobre ela. Relaxe e deixe que seus olhos saiam levemente de foco. Faça uma respiração abdominal suave, estabelecendo um ritmo natural e lento.

- **Deixe que seus olhos** sigam os planos interiores de seu cristal ou esfera, viajando por todos eles até se sentir calmo, em paz e centrado.

- **Quando estiver pronto, feche os olhos** e permita que a paz o leve até seu interior, a um lugar de absoluta tranquilidade e silêncio.

- **Novamente, quando estiver pronto**, concentre-se novamente na esfera ou cristal. Abra os olhos, olhe para o cristal e agradeça por sua ajuda. Afaste as mãos da esfera, desconectando-se da energia do cristal.

- **Sinta os pés firmemente ancorados** no chão e os ossos do quadril em contato com a cadeira. Visualize uma bolha de cristal se estendendo ao seu redor, protegendo sua aura. Fique de pé e estique-se. Agora registre a experiência no espaço fornecido.

Minha experiência com o plano interior

Data _____ **Hora** _____

Cristal _____

Minha experiência _____

_____

_____

_____

_____

_____

_____

_____

_____

_____

_____

_____

_____

_____

_____

_____

_____

Massagem com cristais

A massagem com cristais é uma experiência muito suave e faz com que você realmente sinta a energia do cristal e o amor que ele tem por você. Escolha seu cristal de acordo com o que você quer receber da massagem (veja a Lista de Cristais nas páginas 26-32) e lembre-se de limpar e ativar o cristal antes de começar (ver páginas 22-3). O momento mais poderoso para praticar este exercício é durante a Lua cheia ou nova.

Exercício 23 AUTOMASSAGEM COM OS CRISTAIS
CD FAIXA 3 (OPCIONAL)

- **Você precisará de**: uma varinha de massagem de cristal limpo e ativado ou de uma pedra rolada.

- **Deite-se em um local aquecido** onde você não será perturbado. Você pode massagear por cima das roupas ou diretamente na pele, o que achar mais confortável.

- **Quando estiver se sentindo à vontade**, repita a afirmação de segurança 3 vezes: "Eu estou seguro, eu sou amado, eu confio em mim mesmo e no meu cristal".

- **Pegue seu cristal** e segure-o, pedindo que o ajude a relaxar e a se curar (ou o que quer que você queira). Sinta a energia de amor do cristal aquecendo suas mãos e passando por todo seu corpo.

- **Quando se sentir pronto**, passe o cristal suavemente por todo o corpo; pode ser bom começar com as mãos ou os pés. Faça movimentos circulares ou varreduras, o que parecer mais agradável e confortável.

- **Use o cristal para explorar totalmente seu corpo**. Não se apresse. Observe que áreas parecem menos confortáveis, coloque o cristal gentilmente ali e deixe que as energias de cura do cristal façam com que essa parte do seu corpo se sinta bem.

- **Continue tocando e massageando** seu corpo com o cristal até que ele brilhe com o prazer do amor do cristal.

- **Quando estiver pronto** para terminar a massagem, deite-se tranquilamente por 5 minutos e então se levante devagar. Estique-se bem e ande um pouco, ou simplesmente vá dormir com seus cristais de massagem sob o travesseiro. Não se esqueça de registrar os pensamentos no espaço fornecido.

Minha experiência com a massagem com cristais

Data _____ Hora_____

Cristal _____

Minha experiência _____

_____

_____

_____

_____

_____

Ouça seus cristais

O exercício a seguir ajudará seu cristal a falar com você! Não use música, pois você precisa estar perfeitamente consciente do que seu cristal diz. Todos nós temos energia masculina e feminina em nosso interior, e este exercício ajudará você a encontrar o equilíbrio entre as duas. Escolha um cristal bicolor cujas cores sejam equilibradas o máximo possível. O Lingam de Shiva na página 185 é um pouco mais feminino que masculino, por exemplo, mas é muito adequado para trabalho feminino, já que sua forma masculina traz o equilíbrio.

Exercício 24 COMO ENCONTRAR SEU EQUILÍBRIO INTERIOR

- **Você precisará de**: um cristal bicolor limpo e ativado, como o Lingam de Shiva (ver página 185).

- **Segurando seu cristal com as duas mãos**, peça a ele que o ajude a encontrar o equilíbrio interior.

- **Segurando o cristal com a mão esquerda**, coloque a parte mais clara do lado esquerdo do corpo; use sua intuição para escolher o local certo (você pode colocá-lo em vários lugares antes, se desejar). Você pode começar com a cabeça e ir descendo.

- **Peça ao cristal que diga** como sua energia feminina está funcionando, o quão receptivo, acolhedor e doador você é, e o ensine a usar seu poder de afirmação. Se você estiver trabalhando de cima para baixo em seu corpo, peça em nível mental (na cabeça), emocional (no coração e plexo solar) e em nível ativo (no ventre).

- **Escute a resposta em seu coração** ou ligeiramente atrás de sua orelha, onde está seu ouvido interno.

- **Agora coloque a ponta mais escura** do cristal onde você sentir intuitivamente, do lado direito do corpo. Peça a ele que lhe diga como usar a energia masculina, o quão decidido e ativo você é e o quanto você lidera e protege. Escute a resposta da mesma forma que antes.

- **Finalmente, pegue o cristal com as duas mãos** e coloque-o na linha mediana do seu corpo — coloque-o sobre cada chakra principal sucessivamente, começando no ventre (veja páginas 84-5).

- **Peça ao cristal que ajude você** a encontrar o equilíbrio entre sua energia masculina e feminina. Quando conseguir, descanse tranquilamente, ainda sem se mexer.

- **Peça então ao cristal que fale**. Não se esqueça de registrar a experiência no espaço fornecido.

Minha experiência com a busca de equilíbrio

Data _____ **Hora** _____

Cristal _____

Minha experiência _____

_____

_____

_____

_____

_____

Foi fácil escutar meu cristal? _____

_____

_____

_____

_____

Qual a minha energia mais forte: feminina ou masculina? _____

_____

_____

_____

_____

_____

Eu penso de modo feminino ou masculino? _____

_____

_____

_____

_____

Eu me afirmo de modo feminino ou masculino? _____

_____

_____

_____

_____

Como me senti quando atingi o equilíbrio? _____

_____

_____

_____

O que meu cristal me disse no silêncio? _____

_____

_____

_____

_____

Como incorporar novas qualidades espirituais

Este exercício ajuda você a abrir sua intuição e a acessar outros dons espirituais. É uma meditação útil que abre devagar seu terceiro olho e aperfeiçoa sua capacidade de ver além do cotidiano. Depois de fazer a disposição mostrada na página 187, varie os cristais para ver qual deles abre mais facilmente seu terceiro olho. Você pode variar o exercício substituindo a Labradorita pela Bytownita ou Espectrolita (ressonâncias superiores do cristal básico), com uma pirâmide de Apofilita, ou outro cristal que aperfeiçoe sua intuição (ver página 188). Você também pode usar cristais para ajudar na viagem astral, para abrir a clarividência ou para assimilar qualidades espirituais na sua vida (ver página 188-89).

 Exercício 25 COMO ACESSAR SEUS DONS ESPIRITUAIS
CD FAIXA 3 (OPCIONAL)

- **Você precisará de**: Quartzo Transparente, Ametista, Labradorita, Sodalita ou outro cristal que aperfeiçoe a intuição, limpo e ativado.
- **Deite-se confortavelmente** e coloque o Quartzo Transparente acima da cabeça.
- **Coloque a Ametista** de modo que apenas toque o topo da cabeça. Coloque a Labradorita no alto da testa e a Sodalita entre as sobrancelhas.
- **Feche os olhos** e concentre-se no terceiro olho. Deixe os cristais ali por 15 minutos e observe o efeito em seu terceiro olho e em sua intuição.
- **Quando tiver terminado**, recolha os cristais, levante-se e se ancore firmemente, conscientizando-se de uma corda prendendo você à Terra e ao seu corpo físico. Visualize persianas se fechando sobre seu terceiro olho para protegê-lo.

Minha experiência de abertura da intuição

Data _____ **Hora** _____

Cristais _____

_____

Minha experiência _____

_____

_____

_____

Outros cristais que tentei _____

_____

Efeito _____

_____

_____

_____

_____

Como minha intuição funciona agora? _____

_____

_____

_____

A cura com a essência de pedras

Antes de começar este exercício, descubra seu objetivo: equilibrar o corpo físico, a mente, as emoções ou algo mais espiritual? Talvez você queira usar a essência como um *spray* para proteção ambiente.

Quando tiver decidido, selecione o cristal adequado nas páginas 146-60, limpe-o, ative-o (ver páginas 22-3) e crie a essência-mãe de acordo com o método direto ou indireto nas páginas 190-92.

Exercício 26 COMO USAR SUA ESSÊNCIA DE PEDRAS

- **Você precisará de**: essência-mãe (feita de cristais limpos, um recipiente de vidro limpo, água mineral), vidrinhos com conta-gotas, conhaque ou vodka, água mineral.

- **Faça uma garrafa de dosagem**: pegue 7 gotas da essência-mãe e coloque-as em um vidrinho com conta-gotas. Preencha com um terço de conhaque ou vodka e dois terços de água mineral. Essa é uma garrafa de armazenagem, que deverá ser mantida por várias semanas em local fresco e escuro. Rotule-a e date-a.

- **Faça uma garrafa de dosagem ou um pulverizador**: pegue outras 7 gotas da garrafa de armazenagem e acrescente-as à nova garrafa. Preencha com um terço de conhaque ou vodka e dois terços de água mineral (se o *spray* for para uso imediato, esqueça o conhaque).

- **Para usar a essência**, use a radiestesia com os dedos (ver página 21) para perguntar se você deve tomá-la sob a língua (7 gotas), pingá-la sobre um chakra ou órgão afetado, ou pulverizá-la em sua aura, seu ambiente ou na água do banho. Use a essência 3 vezes ao dia por pelo menos uma semana, registrando sua experiência nos espaços fornecidos.

Minha experiência com a essência de pedras

Data da criação da essência _____ **Data** _____

Cristal (ou cristais) _____

Objetivo _____

_____

_____

Efeito _____

_____

_____

Data da criação da essência _____ **Data** _____

Cristal (ou cristais) _____

Objetivo _____

_____

_____

Efeito _____

_____

_____

Data da criação da essência _____ **Data** _____

Cristal (ou cristais) _____

Objetivo _____

_____

_____

Efeito _____

_____

_____

_____

Data da criação da essência _____ **Data** _____

Cristal (ou cristais) _____

Objetivo _____

_____

_____

Efeito _____

_____

_____

_____

Data da criação da essência _____ Data _____

Cristal (ou cristais) _____

Objetivo _____

_____

_____

Efeito _____

_____

_____

_____

Data da criação da essência _____ Data _____

Cristal (ou cristais) _____

Objetivo _____

_____

_____

Efeito _____

_____

_____

_____

Data da criação da essência _____ **Data** _____

Cristal (ou cristais) _____

Objetivo _____

_____

_____

Efeito _____

_____

_____

_____

Data da criação da essência _____ **Data** _____

Cristal (ou cristais) _____

Objetivo _____

_____

_____

Efeito _____

_____

_____

_____

COMO AVANÇAR NO TRABALHO COM OS CRISTAIS

Como trabalhar com cristais de alta vibração

Os cristais de alta vibração têm uma vibração mais leve e refinada do que os usados até agora neste livro. Sua energia se liga a realidades dimensionais superiores e à sua identidade espiritual essencial, produzindo cura multidimensional e alquimia espiritual. Esses cristais estimulam novos chakras que agora se alinham, como o estrela da alma e o portal estelar (ver páginas 92-6), enquanto trabalham com os chakras tradicionais para acomodar sua energia de alta frequência. A maioria das pedras de alta vibração trabalha lentamente para produzir mudanças físicas porque atua primeiro nos níveis sutis do ser, e é mais adequada a trabalhos multidimensionais.

Ter uma dessas pedras de alta vibração em sua coleção pode ser extremamente benéfico se você estiver trabalhando conscientemente para incorporar energias espirituais, elevar suas vibrações e ativar seu corpo etérico ou abrir os chakras superiores. Algumas dessas pedras são "únicas", aquelas que você encontra uma vez na vida, como a Tugtupita ou Tanzanita (um membro da família das Zoisitas), algumas são uma variação colorida de um cristal básico, como a Pedra da Lua Arco-íris ou a Turmalina da Paraíba, mas outras podem ser uma forma específica de Quartzo, como a Azeztulita, ou um Quartzo aperfeiçoado alquimicamente, como os Quartzos Aura.

Observação Você deve começar a trabalhar com cristais de alta vibração apenas quando suas próprias vibrações estiverem em harmonia com o cristal. É importante ter completado seu trabalho de cura e evolução nessa dimensão terrena primeiro, e ter feito com sucesso todos os exercícios anteriores deste livro.

➤ **Este exercício é adequado para** Pedra da Lua Arco-íris e Azul, Selenita, Azeztulita, Petalita, Danburita, Quartzo Aura, Danburita Dourada e Aqua, Turmalina da Paraíba, Tanzanita, Natrolita, Topázio Místico, Ajoíta, Berilonita, Calcita Raio Estelar, Escapolita Roxa, Tugtupita, Greenlandita, Ametista Brandenberg, Espectrolita, Herderita, Tanzina e outros Quartzos Aura, Ametista Vera Cruz e Super 7, Quartzo Elestial, Lemuriano, Sichuan, Celestial, Espírito, Indicolita, Nirvana, Satyaloka e Saamani ou outros cristais de alta vibração.

Trabalhe com seu cristal agora Para comparar cristais de alta e baixa vibração vá ao Exercício 27: Como Comparar Seus Cristais de Alta e Baixa Vibração na página 226. Para entrar em sintonia com esses cristais vá ao Exercício 28: Como Entrar em Sintonia com os seus Cristais de Alta Vibração, na página 228.

Ainda não cheguei lá Vá às páginas 92-6 para descobrir mais sobre como abrir os chakras superiores ou aperfeiçoar sua capacidade de sentir a energia dos cristais, vá à página 44.

Quartzo Aura da Tanzânia

Tugtupita

Turmalina da Paraíba

LISTA DE CRISTAIS DE ALTA VIBRAÇÃO

Esta lista não é um guia definitivo, e há outros cristais de alta vibração com os quais você pode querer trabalhar (ver *A Bíblia dos Cristais, Volume 2*). Escreva suas experiências nos espaços nas páginas 229-31 à medida que as tiver.

Brandenberg (trigonal; transparente, Ametista, enfumaçado) Em minha opinião, esse cristal tem todo o necessário, pois o Brandenberg se conecta ao modelo perfeito que existe desde antes dos tempos conhecidos. Excelente para todo trabalho interdimensional e para acessar altas vibrações, abrindo todos os novos chakras.

Brandenberg

Danburita (ortorrômbica; rosa, lilás ou dourada) O perfeito curador do coração, especialmente em sua forma dourada, pode transportar você a dimensões superiores para se conectar ao seu Eu Superior e à orientação angélica. Ajuda você com a cura kármica, capacitando-o a romper com o passado e a percorrer a trilha de sua alma. Facilita a desintoxicação emocional em todos os níveis.

Danburita Rosa

Celestita

Celestita (ortorrômbica; azul) Fortemente conectada ao reino angélico, é um mestre de dimensões superiores que impulsionará sua iluminação espiritual. Estimula a mente e ajuda na comunicação.

Espectrolita

Labradorita/Bytownita/Espectrolita/Hiperstênio (triclínico; azul-esverdeado-acinzentado, amarelo, lilás) Perfeitas para separar sua energia da de outras pessoas e desviar ataques psíquicos. Labradorita é um excelente protetor para a aura.

Bytownita, Espectrolita e Hiperstênio são as vibrações mais refinadas desse cristal místico. Abrem os dons psíquicos e os chakras superiores e ancoram as impressões espirituais.

Tanzanita

Tanzanita (ortorrômbica; roxa) Uma excelente ferramenta para jornadas, facilita estados alterados de consciência e é um cristal de ascensão. Ajuda na cura multidimensional celular e kármica e ajuda a descobrir sua vocação.

Azeztulita (trigonal; branca, sem cor, dourado-amarela) Portadora da luz, a Azeztulita funciona no nível espiritual, criando conexões dos chakras com a realidade superior e expandindo a consciência. Facilita a mudança de rumo vibracional trazendo frequências superiores à Terra e elevando sua vibração pessoal, para que você emane uma vibração mais elevada. Comece com o cristal opaco e vá até os transparentes e dourados quando sua energia tiver se ajustado.

Azeztulita

Lemuriano (trigonal; branco-transparente, enfumaçado, rosa, dourado, verde, azul) Excelente para limpeza kármica e dos chakras, abre novos canais no corpo sutil e físico. Ajuda na conexão de nosso Eu Espiritual com o Todo. Gradeamento para contato angélico, portais de energia e para recobrar capacidades inerentes.

Lemuriano

Turmalina da Paraíba (trigonal; turquesa) Uma nova descoberta, a Paraíba é uma turmalina aperfeiçoada com uma radiante energia do coração que se conecta com os anjos da verdade e da sabedoria. Carrega compaixão infinita e estimula o serviço ao planeta e à humanidade. Acalma reações exageradas do sistema imunológico e doenças autoimunes.

Turmalina da Paraíba

Moldavita

Moldavita (meteorito não cristalino; verde-oliva escuro) Oferece consciência da causa e origem da doença energética e auxilia na cura, identificando o dom e os potenciais no interior da enfermidade. Alinha os chakras, integra o modelo divino e acelera o crescimento espiritual. Faz com que você se comunique com seu Eu Superior e com mensageiros cósmicos.

Fenacita

Fenacita (trigonal; branca, transparente, rosa) Purifica e eleva a consciência a uma alta frequência, trazendo informações cósmicas à Terra. Cura a alma e prepara os corpos sutil e físico como veículo para o corpo de luz. A energia desse cristal está disponível aos que têm mudado o rumo de sua vibração pessoal a um nível mais alto. Amplifica a energia de outros cristais de cura.

Quartzo Espírito

Quartzo Espírito (trigonal; branco, enfumaçado "citrino") Oferece impressões sobre problemas familiares, concentra-se estreitamente na cura multidimensional. Promove o perdão de si mesmo e reprograma a memória celular. O Quartzo Espírito leva você a se encontrar com os espíritos de seus ancestrais e pode ser programado para cura ancestral e para reformulação do passado. Uma pedra excelente para acompanhar os que estão morrendo.

Selenita (monoclínica; branca) Existe na interface entre espírito e matéria, é a luz divina cristalizada e ancora o corpo de luz na encarnação. Útil para definir o propósito de sua alma e quando você ainda está trabalhando nas lições. Hidrossolúvel.

Selenita Polida

Petalita (monoclínica; branca, rosa) De grande auxílio na purificação espiritual e na cura ancestral, a Petalita é um cristal xamânico. Ideal para guiar a busca da visão e alinhar a aura, abrindo os chakras da coroa superiores.

Petalita

Tugtupita (tetragonal; rosa, branca, cinza) Apesar de extremamente rara e cara, a Tugtupita é um dos cristais mais valiosos para a cura do coração e para o despertar do chakra semente do coração (logo abaixo do esterno). Ele une um coração compassivo a uma mente iluminada, trazendo paz infinita. Útil para defender o fígado contra a raiva dos outros. Promove o perdão e a capacidade de se entregar ao serviço.

Tugtupita

Quartzo Satyamani

Quartzo Satyamani/Satyaloka (trigonal; transparente, branco, amarelo e cinza) Especialmente preparados pelos monges do Himalaia, para trazer a chama da pura consciência à Terra e para facilitar uma mudança vibracional na cura, esses Quartzos infundem o corpo com energia transformacional. Quando colocados sobre o chakra soma, ativam o corpo de luz e, sobre o terceiro olho, a mente iluminada. Combina bem com o Quartzo Nirvana.

Quartzo Nirvana

Quartzo Nirvana (trigonal; branco, rosa, roxo) Outro dos Quartzos do Himalaia, é um cristal da alquimia espiritual e da iluminação. Carrega a consciência divina cristalizada e facilita uma mudança profunda na consciência, ajudando a alma a se livrar de seu peso kármico. Excelente para abrir o chakra da estrela da alma.

Pedra da Lua Azul

Pedra da Lua Azul (monoclínica; azul sobre branco) Uma das pedras mais poderosas para a ativação do potencial espiritual adormecido, prepara o corpo físico para a incorporação do corpo de luz e alcança níveis extremamente elevados de consciência. Coloque-a na nuca para liberar a tensão muscular e deixar que a energia sutil flua através dessa área.

Rituais e jornadas com cristais

Os rituais são um modo de atrair algo para a sua vida. Para obter qualquer coisa de que necessite, seja abundância, ajuda ou amor, você só precisa escolher os cristais certos e realizar os rituais com respeito, concentração e intenção. As jornadas oferecem outra maneira poderosa de trabalhar com os cristais, e os exercícios deste capítulo terminam com uma jornada para o amor e aceitação incondicional do Todo (ver páginas 33-38).

Apesar de um ritual ou jornada ser algo sério que exige concentração e intenção, também leva você a uma conexão clara e alegre, quase brincalhona, com seus companheiros cristais. É como se eles gostassem tanto da experiência quanto você.

Como escolher a época dos rituais

Planejar a época e a hora dos rituais pode fazer uma grande diferença no seu sucesso. Se você quiser atrair algo para sua vida, realize o ritual sob a luz da Lua nova e continue até a Lua cheia; se quiser enviar algo para o mundo, faça-o na Lua cheia e continue até a Lua nova.

Como preparar o ambiente

Os rituais devem ser realizados em espaços preparados (veja páginas 124-28). Também faz parte da tradição banhar-se e colocar roupas limpas antes de realizá-los e trabalhar à luz de velas. Se você estiver fazendo uma jornada ou um ritual, verifique se o telefone está desligado para que você não seja perturbado.

Geodo de Ametista

Como atrair o amor

Os cristais querem trazer mais amor para sua vida, e não há nada melhor para isso do que o Quartzo Rosa. Coloque um grande grupo desse belo cristal, ativado para trazer abundância de amor, no canto do relacionamento de sua casa (o canto direito mais afastado da porta de entrada), ou então ao lado da cama, pedindo a ele que atraia exatamente o parceiro certo para você – e você não terá que esperar muito! Na verdade, uma mulher descobriu nele um efeito tão poderoso que teve que esfriá-lo com uma suave Ametista para trazer um amor em potencial de cada vez e capacitá-la a escolher o homem certo.

Como usar as afirmações

Fazer afirmações enquanto segura um cristal é um ritual poderoso por si só e leva apenas alguns minutos do seu tempo. Esse ritual requer foco e intenção total. Quanto mais emoção você puser nas afirmações, mais forte ele será. Para fazer uma afirmação de amor, por exemplo, segure uma peça de Quartzo Rosa ou Danburita e repita as seguintes palavras várias vezes por dia. Coloque a afirmação no presente para manifestá-la – "Eu atraio o amor para minha vida, minha vida é cheia de amor agora, minha vida é cheia de amor abundante, eu sou um ímã de amor" – e depois o solte.

Quartzo Rosa

Como atrair o amor

Os rituais com cristais para atrair ou reenergizar o amor podem ser muito poderosos. O ritual de amor nas páginas 232-33 usa o romântico Quartzo Rosa, que é surpreendentemente potente para um cristal tão suave. Isso porque a cor-de-rosa – e o Quartzo Rosa – estão associados com Vênus, a deusa do amor e do desejo. A amorosa Vênus rege a paixão e o erotismo, o amor e a afeição, e assim o Quartzo Rosa atrai um amor carinhoso e apaixonado, erótico e excitante. Acrescentar a Danburita ao Quartzo Rosa enfatiza o aspecto incondicional, solidário e de alma gêmea do amor. Esse cristal resume tudo em muito pouco. Se você desejar um companheiro amoroso e solidário, substitua a Danburita pela Sugilita. E se estiver querendo um namoro excitante, substitua a Danburita pelo luxurioso Rubi ou pela fogosa Granada, poderosos para atrair o amor erótico. A Aventurina Verde convida os que estão na idade madura à paixão.

Quando você quiser fazer um ritual de amor, tente vestir rosa ou vermelho, dependendo do que quiser atrair: romance ou paixão erótica. Se quiser, também pode queimar um incenso de rosa ou de flor dos Alpes para preparar o ambiente, ou se untar com óleo de rosa. Velas cor-de-rosa também criarão o cenário, e a música de fundo certa ajudará na concentração – tente tocar a faixa 3 do CD. Quando estiver realizando um ritual de amor, faça movimentos lentos e sensuais e mova-se com intenção voluptuosa.

Com a imaginação e as pedras certas você pode adaptar o ritual de amor da página 232-33 para outros propósitos; para um ritual de abundância, use Granada Grossular, Citrino, Cornalina, Aventurina Verde, no gradeamento Estrela de Davi (ver página 128); para pedir ajuda, use a Selenita, Celestita ou qualquer outra pedra em sintonia com os anjos; e para se conectar com o Todo, use Ametista ou outro geodo de cristal.

→ **Este ritual é adequado para** Quartzo Rosa, Danburita ou qualquer dos cristais do coração que sua intuição escolher; tente Rodocrosita, Quartzo Craquelê Rosa, Tugtupita, Granada Almandina, Kunzita, Larimar, Sugilita, Turmalina Rosa, Topázio, Rubi ou Granada; ou então a Aventurina Verde (para o amor na maturidade) ou a Cornalina Vermelha (para revitalizar um amor já existente).

Trabalhe com seus cristais agora Use sua intuição para escolher um cristal adequado (ver páginas 20-1), então para um ritual para atrair o amor para sua vida, vá ao Exercício 29: Ritual para Atrair o Amor nas páginas 232-33, ou para uma jornada para se conectar com o Todo, vá ao Exercício 30: Meditação do Todo nas páginas 236-37.

Ainda não cheguei lá Pergunte a você mesmo por que ainda não está pronto para atrair o amor para sua vida. Você pode ter uma razão perfeitamente válida, que torne esse ritual inadequado agora, ou pode precisar investir mais em seu desenvolvimento para abrir seu coração para receber amor (ver páginas 218-20).

EXERCÍCIOS PARA AVANÇAR NO TRABALHO COM OS CRISTAIS

Estes exercícios ajudarão você a entrar em sintonia com os cristais de alta vibração e a realizar rituais ou jornadas e meditações. Eles aumentarão sua capacidade de atrair, de dar amor e de se conectar com o Todo em harmonia com seus companheiros cristais.

Como explorar os cristais de alta vibração

Pratique este exercício para sentir a diferença entre os cristais de alta e baixa vibração. Ele é adequado a cristais como a ponta de Quartzo Transparente comum e algum dos Quartzos de alta vibração, como o Brandenberg, ou a uma Pedra da Lua comum e a uma Pedra da Lua Arco-íris ou Azul (que têm progressivamente frequências mais altas). Alguns dos cristais de alta vibração são formas refinadas de outros que já têm uma vibração alta: Espectrolita é uma ressonância mais alta da Labradorita, por exemplo, apesar de a Labradorita também ser um cristal de alta vibração.

 Exercício 27 COMO COMPARAR SEUS CRISTAIS DE ALTA E BAIXA VIBRAÇÃO
CD FAIXA 3 (OPCIONAL)

- **Você precisará de**: pares de cristais de alta vibração e inferior, limpos e ativados (veja acima).

- **Coloque os pares de cristais** em uma mesa à sua frente, afastados uns dos outros. Coloque sua mão receptiva primeiro sobre o cristal de vibração inferior e entre em sintonia com sua energia.

- **Agora coloque a mão receptiva sobre** o cristal de alta vibração até poder entrar em sintonia com a energia dele. Observe a diferença entre os dois cristais, e como cada um afeta seu corpo e o campo de energia sutil ao seu redor. Observe se esse cristal leva você a uma dimensão superior ou abre um chakra superior.

- **Repita o exercício** com outro par de cristais. Faça isso até ter trabalhado com cada um dos pares. Tente trocar de mão para sentir a diferença.

Minha experiência com cristais de alta e baixa vibração

Data _____ **Hora**_____

Pares de cristais _____

Minha experiência _____

_____

O que eu notei sobre o cristal de baixa vibração _____

_____

O que eu notei sobre o cristal de alta vibração _____

_____

Data _____ **Hora**_____

Pares de cristais _____

Minha experiência _____

_____

O que eu notei sobre o cristal de baixa vibração _____

_____

O que eu notei sobre o cristal de alta vibração _____

_____

Como trabalhar com cristais de alta vibração

Nem todo cristal de alta vibração ressoará com você, de modo que a chave para o sucesso é descobrir aqueles com os quais você pode entrar em sintonia. Se ele provocar uma mudança curativa, remova-o e segure um Quartzo Enfumaçado ou Clorita entre os pés para estabilizar sua energia. Volte ao cristal quando tiver completado sua cura, ou escolha outro.

Exercício 28 COMO ENTRAR EM SINTONIA COM OS SEUS CRISTAIS DE ALTA VIBRAÇÃO

CD FAIXA 2 (PARA SEGUIR O ROTEIRO, VÁ ÀS PÁGINAS 244-45)

- **Você precisará de**: vários cristais de alta vibração, limpos e ativados (veja a Lista de Cristais de Alta Vibração nas páginas 212-17).

- **Segure um cristal de alta vibração** suavemente e sente-se em silêncio, ouvindo a Faixa 2 do CD. Seu corpo pode vibrar enquanto entra em sintonia com o cristal, ou você pode ser instantaneamente transportado para outra dimensão energética; as duas reações mostram que esse cristal trabalhará com você. Se isso não acontecer, escolha outro cristal, e tente com esse mais tarde, quando suas vibrações tiverem mudado.

- **Quando tiver estabelecido contato** com um cristal, deite-se e coloque-o sobre seus chakras superiores (ver páginas 92-3) para ver que efeito tem. Se quiser, deixe que ele abra seus chakras. Peça a ele para introduzir sua capacidade energética em você e mostre como trabalhar com ele para obter os melhores resultados. Lembre-se de registrar qualquer propriedade adicional que descobrir sobre ele.

- **Repita o exercício** com outro cristal de alta vibração quando for adequado. Não se esqueça de registrar suas observações no espaço fornecido.

Minha experiência de sintonia com os cristais de alta vibração

Data _____ **Hora**_____

Cristal _____

Minha experiência _____

_____

_____

_____

_____

_____

Data _____ **Hora**_____

Cristal _____

Minha experiência _____

_____

_____

_____

_____

_____

Data _____ Hora _____

Cristal _____

Minha experiência _____

_____

_____

_____

_____

_____

_____

_____

Data _____ Hora _____

Cristal _____

Minha experiência _____

_____

_____

_____

_____

_____

_____

_____

_____

Data _____ **Hora** _____

Cristal _____

Minha experiência _____

_____

_____

_____

_____

_____

_____

_____

Data _____ **Hora** _____

Cristal _____

Minha experiência _____

_____

_____

_____

_____

_____

_____

_____

_____

Ritual para atrair o amor

Este ritual de atração do amor é poderoso; faça-o com amor incondicional e compaixão por você mesmo, e com a intenção de atrair o melhor amor que possa imaginar. Se você já tiver um amor, em vez de chamar sua alma gêmea para o ritual, peça que mais amor se manifeste entre vocês e que o relacionamento se torne o melhor possível. O momento mais poderoso para esse ritual é a Lua nova.

Exercício 29 RITUAL PARA ATRAIR O AMOR
CD FAIXA 3 (OPCIONAL)

- **Você precisará de**: 4 cristais de Danburita e Quartzo Rosa ativados e limpos, 4 velas cor-de-rosa em 4 castiçais de Quartzo Rosa e uma toalha de seda.

- **Coloque os cristais e as velas** sobre a mesa coberta com a toalha de seda. Posicione a vela ao norte, acolhendo o amor dessa direção enquanto você a acende. Coloque as outras ao sul, leste e oeste, sempre acolhendo o amor de cada direção, enquanto as acende.

- **Pegue os cristais de Quartzo Rosa** e sente-se de frente para a mesa (se forem grandes, segure um por vez ou coloque as mãos sobre eles). Feche os olhos e entre tranquilamente em sintonia com eles.

- **Deixe que a energia dos cristais flua** através das suas mãos, subindo pelos braços até o coração e então sinta-o se abrir e expandir. Toque o coração com os cristais. O Quartzo Rosa é um poderoso limpador e curador do coração. Então deixe que esse órgão seja purificado pela energia dos cristais. Diga alto: "Eu sou um ímã do amor. Eu acolho o amor em meu coração e o amor em minha vida". Coloque os cristais de volta na mesa no mesmo lugar em que estavam.

- **Pegue a Danburita e diga alto**: "Eu invoco minha chama gêmea para que se manifeste total e amorosamente em minha vida" ou "eu invoco o amor entre eu e meu amor para que se manifeste plena e incondicionalmente, amando e apoiando a nós dois".

- **Sente-se tranquilamente por alguns momentos** com os olhos fixos nos cristais. Visualize como a vida será quando você viver um amor profundamente apaixonado e mutuamente solidário, com sua chama gêmea ao lado, ou quando você e seu amor manifestarem todo o amor possível entre os dois. Envie essa imagem para o futuro, desenrolando-o à sua frente, de modo que você caminhe por essa trilha com amor.

- **Quando estiver pronto** para concluir o ritual, levante-se e sopre uma vela por vez, dizendo: "Eu envio luz e amor para o mundo, e ele me devolve dez vezes mais". Deixe os cristais sobre a mesa ou coloque-os à volta de sua cama. Não se esqueça de registrar a experiência nos espaços fornecidos.

Minha experiência para atrair o amor

Data _____ **Hora** _____

Cristal _____

_____

_____

Minha experiência _____

_____

_____

_____

_____

_____

_____

_____

_____

_____

_____

_____

_____

_____

O resultado da minha experiência _____

Havia algo me impedindo de aceitar o amor? _____

Conectando-se com o Todo

Esta é uma de minhas meditações favoritas. Eu a pratico há mais de 35 anos e nunca me canso. A caverna sempre se expande e me leva para uma nova parte de mim mesma e do Todo. Reserve-se bastante tempo para praticar este exercício e dê um jeito de não ser perturbado. Se tiver um grande geodo de Ametista e se ele for grande demais para segurar, coloque-o na mesa à sua frente. Você pode desenvolver esse exercício em ocasiões futuras, verificando se há qualquer área da caverna que você não tenha visitado, especialmente nos níveis superiores. Procure portais escondidos e túneis estreitos. Explore o que quer que encontre ali, pedindo por luz para mostrar o caminho.

Exercício 30 MEDITAÇÃO DO TODO
CD FAIXA 3 (OPCIONAL)

- **Você precisará de**: um geodo de Ametista limpo e ativado (ver página 218).

- **Sente-se confortavelmente e olhe cuidadosamente** para seu geodo. Quando puder se lembrar de seu contorno, feche os olhos. Sem abri-los, olhe para o ponto entre e logo acima das sobrancelhas, seu "terceiro olho". Sinta-o se abrir. Respire suavemente e tire sua atenção do mundo exterior, concentrando-se no seu mais profundo interior.

- **Segure a Ametista** na mão mais confortável ou coloque as mãos sobre ela e conscientize-se de suas vibrações irradiando por seu braço acima e para o interior do terceiro olho no centro da testa; sinta sua energia se abrindo e expandindo sua consciência interior.

- **Agora se visualize de pé** à margem de um rio largo que flui devagar até o mar. Acima, bem longe, você pode ver montanhas azuis muito altas e, aos seus pés, um lago de águas brilhantes. À sua frente há um pequeno cais de madeira com um barco amarrado a ele. Um barqueiro espera por você.

- **Ajeite-se confortavelmente no barco** e visualize o barqueiro soltando-o do cais e guiando-o rio acima, rápido, contra a corrente. Você pode ver as margens passando, e logo o rio se abre em um lindo lago. Quando você o cruza, vê um rio estreito descendo das montanhas e desaguando no lago. O barqueiro leva você por esse rio acima até onde consegue, e então amarra o barco e o ajuda a chegar a uma saliência de pedra.

- **Siga essa saliência até as montanhas**; enquanto ela serpenteia de um lado para o outro, você pode ver a luz brilhando à sua frente, até você entrar em uma caverna de cristal. A caverna é na verdade um enorme geodo de Ametista brilhando levemente por todos os lados.

- **Descubra um lugar confortável para se acomodar** e deixe-se fundir à energia da Ametista, envolvido pelo geodo. Deixe que seu espírito se torne uno com a infinidade do ser. Peça à Ametista para mostrar a você o caminho de sua alma.

- **Quando tiver encontrado esse caminho**, peça para que os guias e auxiliares que o envolvem no mundo invisível se mostrem. Pergunte a eles como eles podem ajudar você e faça pedidos específicos de ajuda que você tiver.

- **Agora deixe que seu espírito se torne uno** com a infinidade do Ser. Conscientize-se da antiguidade do cristal, de como ele é luz personificada e de como ele é o divino que toma forma. Então deixe que o seu espírito se torne uno com a infinidade do Ser. Libere. Expanda-se no Todo. Simplesmente funda-se e seja.

- **Quando estiver pronto para sair** da caverna de cristal, retire-se para dentro de você mesmo mais uma vez, mas mantenha a conexão com o Todo através da Ametista em sua mão.

- **Volte até a saliência onde** o barqueiro espera por você. Acomode-se no barco e deixe que ele o leve rapidamente pelo rio estreito e atravesse o amplo lago brilhante. À sua frente, veja o ponto de partida; logo o barco está amarrado ao dique. Agradeça ao barqueiro pela viagem e volte até o dique.

- **Quando tiver terminado a jornada**, agradeça ao cristal por sua luz e aos seus guias e auxiliadores pela ajuda e peça que estejam sempre com você.

- **Deixe que a luz se cristalize** nas bordas exteriores de sua aura, protegendo você em uma bolha iluminada. Concentre-se nos seus pés. Conscientize-se bem do contato deles com a terra. Sinta-os segurando e ancorando você à terra e ao seu corpo. Depois, quando estiver pronto, abra os olhos. Não se esqueça de registrar sua experiência no espaço fornecido.

Minha experiência de meditação da Ametista com o Todo

Data _____ **Hora**_____

Minha experiência_____

_____

Com que facilidade eu me entreguei ao barqueiro que guiava a jornada?_____

_____

O rio era reto ou cheio de curvas? _____

_____

Eu me satisfiz em seguir a correnteza ou me forcei na direção contrária? _____

_____

Qual é o caminho da minha alma? _____

_____

Como me senti sendo parte da infinidade do Ser? _____

_____

Como me senti simplesmente sendo e seguindo a correnteza? _____

_____

Como posso incorporar essa capacidade de ser ao meu cotidiano? _____

_____

Foi possível trazer de volta minha conexão com o Todo maior? _____

_____

Como posso manter a interface entre eu mesmo e o resto do mundo? _____

_____

Como me senti ao me retirar para meu interior? _____

_____

Há partes de mim que não estão comprometidas com a jornada? _____

_____

Quem são meus guias e auxiliadores? _____

_____

O que eles fazem por mim? _____

_____

Ainda é adequado eles fazerem isso? _____

_____

Eu preciso renegociar qualquer acordo que tenha feito com eles? _____

_____

Como eles podem me ajudar melhor no caminho da minha alma? _____

_____

Que outras dimensões eu descobri na caverna? _____

_____

INSPIRAÇÕES

Você achará estas meditações e jornadas junto com apenas uma faixa de música no CD que acompanha este livro. Use-as conforme indicado nos exercícios ou deixe que inspirem suas próprias jornadas.

CD FAIXA 1

Relaxamento, concentração e abertura do terceiro olho

ESTA FAIXA AJUDARÁ VOCÊ A RELAXAR, SE CONCENTRAR E ABRIR O TERCEIRO OLHO

- **Encontre um local tranquilo** e escolha uma posição confortável. Respire suavemente e concentre-se na respiração. Inspire e expire 10 vezes [pausa – 10 segundos]. Agora, ao expirar, libere toda tensão que estiver sentindo. Faça uma pausa e inspire, procurando sentir paz e tranquilidade [pausa – 10 segundos]. Abra e feche lentamente as pálpebras dez vezes, mantendo os olhos fechados no final [pausa – 10 segundos]. Suas pálpebras devem estar relaxadas e pesadas.

- **Com os olhos fechados, eleve as sobrancelhas** ao máximo e alongue os músculos do rosto todo. Relaxe e solte. Expanda lentamente a sensação de descontração relaxando a testa, o couro cabeludo e todos os músculos faciais. Sorria o sorriso mais aberto que puder, mova as mandíbulas de um lado para outro e relaxe o rosto.

- **Agora, eleve os ombros até as orelhas** e solte-os, deixando-os cair. Sinta a descontração fluir por todo o seu corpo. Inspire e expire profundamente, liberando qualquer tensão que possa estar sentindo [pausa – 5 segundos]. Relaxe o peito e as costas.

- **Aperte os punhos e relaxe-os**, repousando-os sobre as coxas. Sinta a sensação de relaxamento passando por todo o seu corpo e descendo pelos braços. Qualquer tensão remanescente sairá pelas pontas dos dedos e fluirá para o solo.

- **Respire profundamente e contraia** o abdome [pausa – 4 segundos]. Expire contando até dez. Sinta a parte inferior das costas e do abdome aquecidos e descontraídos.

- **Expanda a sensação de relaxamento** para as coxas e os joelhos, fazendo a descontração fluir até as pernas e os pés. Alongue os pés para cima e para baixo e relaxe a panturrilha. Force os dedos dos pés para trás e depois relaxe. Se ainda houver tensão em seu corpo, deixe que ela escorra pelos seus pés.

- **Agora você está sentindo todo o seu corpo** confortavelmente aquecido e tranquilo, e a sua mente está receptiva e alerta. Passe alguns momentos saboreando essa sensação de relaxamento total. O seu corpo está relaxado, mas a sua mente continua alerta.

- **Concentre-se em seu terceiro olho** — o ponto situado entre os olhos, levemente acima das sobrancelhas. Sem abrir os olhos, olhe para esse local e sinta ou veja um olho se abrindo ali. Esse é seu olho interior, o olho da sua mente. É por meio dele que você pode usar sua intuição e concentrar sua intenção. Esse olho se abre para uma tela na qual você pode visualizar imagens. Essa tela pode estar atrás do terceiro olho ou à sua frente. Lembre-se, neste momento sua intenção é relaxar enquanto permanece receptivo. Mas essa intenção pode mudar de acordo com o exercício.

- **Quando tiver terminado o relaxamento**, volte a atenção para o que está ao seu redor. Abra os olhos, pise firmemente no chão e sente-se ereto lentamente. Conscientize-se de sua conexão com o solo. Levante-se e caminhe um pouco. Se você tiver a sensação de que está flutuando, segure a Hematita ou coloque os pés sobre um cristal marrom de ancoramento, tal qual o Quartzo-enfumaçado, para se conectar com o solo.

CD FAIXA 2
Entrando em sintonia com os cristais

ESTA FAIXA AJUDA VOCÊ A UNIR SUAS ENERGIAS COM AS DO CRISTAL

- **Esta faixa pode ser usada** para você conhecer qualquer cristal e sentir sua energia. Ela o leva a um estado de relaxamento, sintoniza você com o cristal, permite um contato de cinco minutos com ele e, então, o traz de volta à realidade. Lembre-se de que a energia dos cristais é sutil. Por isso você pode levar um tempo para entrar em sintonia com suas vibrações. O primeiro passo é aprender a sentir a energia do cristal.

- **Sente-se tranquilamente, segurando um cristal que já tenha sido purificado e dedicado.** Respire suavemente, relaxe e concentre a atenção no cristal. Declare sua intenção de conhecer esse cristal um pouco melhor e sentir sua energia.

- **Agora, deixe que seus olhos focalizem aos poucos o cristal**. Observe sua forma, cor e tamanho. Percorra com os olhos seus contornos e crateras. Se ele tiver uma "janela", olhe dentro dela [pausa — 10 segundos]. Sinta o peso dele em sua mão. Sinta suas vibrações e sua ressonância energética. Você pode sentir a energia do seu corpo dar um salto ou formigar — como se você estivesse levando um choque. Ela também pode desacelerar ou pulsar, quando você se conecta com o cristal [pausa — 10 segundos]. Deixe que a energia do cristal flua pelos seus braços e penetre no seu coração e na sua mente, revelando-se para você.

- **Observe se o cristal entra em contato** com alguma parte específica do seu corpo. Se quiser, absorva a energia do cristal, através de um de seus chakras e observe se isso provoca em você uma resposta energética [pausa — 10 segundos].

- **Se o cristal for transparente ou translúcido**, olhe para o centro dele, através de sua superfície exterior, e siga os planos e a paisagem que existem no interior do cristal [interlúdio].

- **Quando se sentir pronto,** largue o cristal e desfaça conscientemente o contato com as energias dele. Abra os olhos e volte a atenção para o local onde você está. Concentre-se em seus pés e sinta o contato com o chão. Sinta o seu quadril em contato com o assento, sustentando o peso de seu corpo. Visualize uma bolha de proteção à sua volta. Quando estiver pronto, levante-se e movimente-se. Em seguida, registre por escrito suas impressões.

CD FAIXA 4
A jornada do Quartzo

ESTA FAIXA AJUDA VOCÊ A EXPERIMENTAR A SENSAÇÃO ÚNICA DO EU E DOMINAR MANEIRAS DE EXPRESSAR SUA INDIVIDUALIDADE

- **Sente-se confortavelmente e feche os olhos**. Sem abri-los, focalize seu terceiro olho — o ponto entre as sobrancelhas e um pouco acima delas. Sinta esse olho se abrir. Respire suavemente e retire sua atenção do mundo exterior, concentrando-se em seu mundo interior. Segure o Quartzo em uma das mãos e conscientize-se da energia revigorante que dele emana e envolve você. Sinta essa energia trazendo mais vida às células de seu corpo, energizando essas células e harmonizando-as [pausa — 30 segundos].

- **Deixe que o cristal o ajude a mergulhar** na parte de você que é independente, individual, separada e pessoal. Deixe que ele lhe mostre seu próprio ego, a parte de você que tem desejos e o impulsiona para a frente. Esse é o centro da sua vontade, do seu poder de decisão e da sua impetuosidade. Observe cuidadosamente o que você deseja, o que o impulsiona a agir. Então observe o que impede você de avançar. Em que situações você cria empecilhos para fazer mudanças ou tomar decisões. Existe alguma situação em sua vida em que você acha que está certo, não importa o que os outros digam? Observe também as situações em que você está centrado demais em si mesmo para se preocupar com as outras pessoas ou levar em conta as necessidades delas [interlúdio — 3 minutos].

- **Deixe, então, que o cristal conduza** você à parte mais elevada de seu próprio ser, seu Eu Superior, a parte divina de seu ser, que habita o núcleo da sua alma. Sinta esse Eu [interlúdio — 3 minutos].

- **Deixe que o cristal leve você agora até** o local de onde ele foi extraído. Deixe-o mostrar a você como ele se sentia quando era parte de um grupo maior de cristais, e se sentia parte do Todo, ligado a tudo que o cercava [interlúdio — 3 minutos].

- **Expanda sua consciência de modo que você** também se torne parte do Todo, e então retraia a consciência novamente até o nascimento do seu Eu único. Descubra o ponto de equilíbrio entre o Todo e o seu Eu [interlúdio – 1 minuto].

- **Peça ao seu Eu que examine as suas características** supostamente negativas junto com você, e lhe mostre o dom que existe adormecido dentro de cada uma delas. Peça ao seu Eu para revelar quais energias você pode reivindicar da sua Sombra, de modo que ela seja útil em sua vida presente. [interlúdio – 3 minutos]

- **Agora se sinta caminhando com o seu Eu** em sua trilha rumo ao futuro. À medida que avança, ofereça a si mesmo, ao longo do caminho, presentes que poderá dispor na jornada de sua vida. Esses presentes ajudarão você a expressar seu Eu único com mais intensidade e a realizar todo o seu potencial. [interlúdio – 1 minuto]

- **Quando tiver terminado essa jornada**, volte a atenção para o momento presente. Visualize agora uma luz surgindo nas bordas exteriores de sua aura, formando uma bolha luminosa que lhe servirá como uma cúpula de proteção.

- **Descanse as mãos no colo** e agradeça ao cristal pela sua luz. Interrompa a conexão com o cristal e coloque-o de lado.

- **Volte sua atenção para os pés.** Conscientize-se do contato deles com o solo. Sinta-os sustentando você e ancorando-o ao solo e ao interior de seu corpo. Então, quando estiver pronto, abra os olhos.

CD FAIXA 5

A jornada da Obsidiana Arco-íris

ESTA FAIXA AJUDA VOCÊ A LIBERAR AS COISAS NOCIVAS AO SEU BEM-ESTAR ATUAL E A RECONHECER SUA FORÇA INTERIOR

- **Acomode-se em um local tranquilo** e respire suavemente, desviando a atenção do mundo exterior e concentrando-a no cristal [pausa – 5 segundos]. Mantenha os olhos semicerrados e observe as listas da Obsidiana Arco-íris. Mova levemente o cristal para que ele capte a melhor luz e mostre a você suas listas reluzentes [pausa – 5 segundos]. Sinta a força do cristal em sua mão. Deixe que a energia dele se irradie pelos seus braços e penetre no seu coração [pausa – 5 segundos]. Enquanto você se concentra em cada lista, deixe que ela o conduza ao seu Eu interior. Permita que as listas o levem suavemente a entrar em contato com seu Eu mais profundo. Quando se sentir pronto, coloque o cristal sobre o coração [pausa – 30 segundos].

- **Peça ao cristal** que lhe mostre a que você está se prendendo. O que você precisa soltar. Deixe que ele lhe mostre todas as amarras que aprisionam o seu coração e as dissolva suavemente, colocando em seu lugar uma energia de renovação e perdão [pausa – 1 minuto]. Peça ao cristal que lhe mostre em que áreas da sua vida o passado está afetando o seu presente [interlúdio – 5 minutos].

- **Libere agora, voluntariamente**, tudo o que não serve mais para você. Todas as dores, emoções, situações e experiências que pesam no seu coração e que o impedem de avançar. Reconheça-as e deixe que sejam atraídas para o interior do cristal e transmutadas. Libere tudo isso com perdão no coração [pausa – 30 segundos].

- **Agora, peça ao cristal** para mostrar a você os dons escondidos atrás dessas dores antigas. As qualidades que pode desenvolver e os recursos que pode extrair delas. Permita-se saber como você poderá usar esses recursos e qualidades. [pausa — 5 minutos].

- **Pergunte ao cristal** se ele tem alguma outra informação para lhe dar e espere a resposta com serenidade [interlúdio — 1 minuto].

- **Antes de começar a jornada de volta,** concentre-se na aura em torno de seu corpo físico. Peça ao cristal que retire e transmute qualquer energia negativa ou desarmonia que exista ali e alinhe todos os seus corpos sutis [interlúdio — 1 minuto]. Então peça ao cristal para retirar e transmutar toda energia negativa, tensão ou doença do seu corpo físico [interlúdio — 1 minuto].

- **Agora sinta a forte proteção do cristal** envolvendo você em camadas [interlúdio — 1 minuto].

- **Por fim, sinta a força do cristal** e sua conexão poderosa com o solo. Sinta a energia dele ancorando você na sua existência física, trazendo-o de volta ao momento presente. Quando se sentir pronto, agradeça ao cristal, abra os olhos e se movimente.

Índice

A

afirmações 220
Ágata 30, 83-4, 98-9, 127
  Listada 151
  Pele de Cobra 152, 157
  Rendada Azul 30, 83, 84, 98-9, 150
aglomerados, forma de 58
alta, vibração, chakras 92, 94-6
  exercício de ativação dos 108-12
alta vibração, cristais de 16, 24, 93
  como trabalhar com 210-17, 226-31
  grade de figura do oito 127
amarelos, cristais 56
  Jaspe 83-4, 98-9, 155
Amazonita 54
Âmbar 27, 53, 90, 123
Ametista 31, 52, 60
  chakras e 83-4, 90, 98-9
  cura com 147, 155-56, 159
  e dons espirituais 187
  geodo 218, 236-38
  massagem com 182
  para proteção 123
Amolita 128
amor, como atrair o 220, 222-24, 232-35
banho de 180
amorfos, cristais 62, 64

Anfibólio 61, 127, 147
Angelita 56
Apofilita 31, 64, 84
Atlantasita 185
aura 15, 90-2, 148
  como sentir e limpar a 104-07
Aura, Quartzos 210-11
autodesenvolvimento 120-23, 140-41
  cristais que devo evitar 118-19, 138-39
  cristais que devo preferir 116-17, 134-37
  exercícios 129-44
  qualidades dos cristais 114-15, 130-33
autoproteção 120-23, 140-41
Avalonita, geodo de 60
Aventurina 28, 83-4, 98-9, 114, 123, 147
aversão, superar 118-19, 138-39
Azeztulita 84, 93, 210, 214

B

Baço, chakra do 84-6
  proteção 121, 140-41
base, chakra da 84-6
brancos, cristais 57
Brandenberg 93, 108-09, 214
Bronzita 128

C

Cacoxenita 127
Calcita 28
Catedral, Quartzo 10, 147
Celestita 16, 215
Calcedônia, geodo 53
canalização (transe) 189
cetro 61
Chakra(s) 15, 50, 81-112, 114
    bicolores 184-85
    bloqueados 82
    cores dos 71, 82, 88-9, 95, 102-03
    do coração superior 84-5, 94-5
    do coração, 84-5, 87
    e a aura 90-1, 148
    e cura 82-3
    exercícios 97-112
    limpeza dos 98-101
    posição dos 84
    qualidades dos 86-7
    como sentir e limpar os 98-101
Cianita 30
cinzas, cristais 57
Citrino 27, 52, 56, 90, 114
Clariaudiência/clarissenciência/
    claravidência 189
como abrir os chakras superiores 92-6,
    108-12
como escolher um cristal 17-48
    Lista de Cristais 18, 24, 26-32
    Exercícios 33-48
compaixão 114

coragem 114
cores 52
    chakras 71, 82, 88-9, 95, 102-03
    lista de 54-7
    experiência com as 70-3
Cornalina 22, 27, 182
    Laranja 83-4, 98-9
    Vermelha 114
coroa, chakra da 84-5, 87
coroa superior, chakra 94-5
corpo, órgãos do 152-57
corpo de luz 16, 92, 219
cristais
    azuis 56
    banho com os 178, 180-81
    bicolor(es), cristais 184-85
    brutos, cristais 18, 54
    como ativar os 22
    como guardar os 22
    como identificar seus 34-9
    converse com os 184-85,
        198-201
    cúbicos 62-3
    forma esférica 59, 182
    grande limpeza dos 42-3
    hexagonais 62-3
    índigo 57
    lilás 57
    limpeza dos 22-3, 42-3
    marrons 57
    quadrados 60
    qualidades dos 114-16

semente do coração, 84-5, 94-5
terminação dupla 58
cristais, como trabalhar com os
178-208
exercícios 193-208
cristais, energia dos 50, 53
como sentir a 65, 66-9
cristais, sistemas 62-4
como explorar os 78-80
Crisocola 29
cura 15,147-76
com essência(s) de pedras
204-08
e chakras 82-3
emocional 148-49
exercícios 161-76
libertando-se do passado 150-51,
166-69
lista de cristais de 26-32
mente 158-60, 174-76
órgãos do corpo 152-57, 170-73
sistema imunológico 146-47, 162-65

D

Dálmata, pedra 185
Danburita 63, 84, 93, 108-09, 147,
214, 220
como atrair o amor 222, 232-33
desintoxicante, esquema 155, 170-73
diário, registros no 12-4
Dioptásio 84, 93, 108
doença energética 15-6

e chakras 82-3
fontes de 146-47
duplo etérico 15

E

elestial, forma 59
emocional, cristais para a cura 148-49
Enfumaçado, Quartzo 32, 52
Aura 104
Chakras 83-4, 90, 93, 98,108
cura com 155, 159
para proteção 118, 122
superando aversão a 118, 138-39
entrando em sintonia com os cristais
44-8, 65, 244-45
alta vibração 228-31
escolha de cristais
intuitiva 20-1,40-1
racional 20
esfera, forma de 58
Esmeralda 63
espaço, como proteger seu 124-28,
142-44
Espírito, Quartzo 214
espirituais, dons 186-89, 202-03
essência(s) de pedras 180, 190-92,
204-08
Estibnita 8
estrela da alma, chakra 94, 96, 210
estrela de cinco pontas 127
de Davi 126, 128
Estrela solar, chakra da 84-5

F

Fantasmas 60
Fenacita 93, 108-09, 214
física, anatomia 152-53
Fluorita 31, 54, 57, 90
   para a cura 147
   para proteção 121-22,140
formas de cristais 52-3
lista de 58-61

G

garganta, chakra da 84-5, 87
Gaspeíta 121, 185
gêmeos, cristais 61
geodos 60, 218, 236
gerador, formas de 59
grade figura do oito 127
Granada 26
Grossular 128
grupos de cristais 62-4

H

Halita 26, 180
Hematita 32, 138
Hemimorfita cristalina 54

I

intuição, 188
intuitiva, escolha de cristais 20-1

J K

Jade 29, 90, 114, 117, 121, 140

Jaspe 27, 156, 185
   Amarelo 83-4, 98-9, 155
   Papoula 127
   Vermelho 83-4, 88, 98-9, 155, 182
Jaspe Vermelho 114, 182
   chakras e 83-4, 90, 93, 98,108
   cura com 155
jornadas 16, 218, 246-49
Kunzita 90, 114

L

Labradorita 64, 90, 104, 159, 187,
   215, 226
   para proteção 120,122
Lágrima de Apache 90
Lápis-lazúli 30, 54, 157
Laranja, cristais 55
   Cornalina 83-4, 98-9
Lemuriano 117, 134, 214
lista de cristais 18, 24, 26-32
   de alta vibração 214-17

M

Malaquita 28, 56, 150
   Polida 54
massagem 180, 182-83, 196-97
meditação 178, 194-95, 236-40
mente 158-60, 174-76
Merlinita 117, 134, 185
Místico, Topázio 117,134
Mohave, Turquesa do 52
Moldavita 51, 214

monoclínicos, cristais 62-3
musgo, ágata 28

N
Neve, Quartzo 18, 57

O
Obsidiana 53, 64, 150-51
   Arco-íris 150-51, 166-69
   jornada 248-49
Olho de Tigre 57, 114
olhos, cristal para os 8-10
ortorrômbicos, cristais 62-3

P
Pederneira 18, 90
Pedra Azul de Preseli 53, 84, 93, 108-09
Pedra da Lua Azul 117, 127, 134, 217,
   226
   Arco-íris 210
Pedra de Sangue 26, 90, 123
   cura com 147, 152, 155
Pedra-pomes natural 54
Peridoto 29
Petalita 84, 93, 108, 109, 216
Pirita de Ferro 157
Pirolusita 90
plexo solar, chakra do 84-96
ponta 60
portal 8
portal estelar, chakra do 84-5, 94, 96,
   210
Prasiolita 52

precognição 188
pretos, cristais 57
   Jade 90
   Turmalina 32, 123, 128, 147
proteção, cristais de 120-28
psicocinese 188
psicografia 189
psicometria 189
psíquico, sistema imunológico 146-47

Q
Quantum Quattro 140
Quartzo 22, 31, 210, 226
   clorita 8
   espírito natural 54
   formas 58-61
   jornada do cristal 115, 130-33,
      246-47
   nirvana 93, 108, 109, 217

R
radiestesia 21, 40-1, 124, 204
   com os dedos 21, 40-1, 204
registro de impressões e experiências
   12-4
relaxamento 10, 242-43
retrocognição 188
rituais 218-24
Rodocrosita 118, 150, 182
rolados, cristais 18, 54, 61, 182
rosa, cristais 55
Rosa, Quartzo 26, 84, 114
   como atrair o amor 220, 222, 232

banhos de amor 180
cura 147
dissipando o medo 118, 138
massagem com 182
proteção 120,123
roxo, cristal 57

S
sabedoria interior 188
sacro, chakra do 84-6
Satyaloka, Quartzo 108
Satyamani 108, 217
Selenita 8, 63, 90, 104, 123, 216
Septariana 127
Shiva, Lingam de 185, 198-99
sistema imunológico 146-47, 162-65
sistemas de cristais, como explorar os 78-80
sistemas de gradeamento 15, 124-28, 142-44
Smithsonita 147
Sodalita 83, 98-9, 123, 187
cura com 147, 155, 159
soma, chakra 84-5, 94-5
stress geopático 15
Sugilita 30

T
Tanzanita 210, 215
telepatia 188
terceiro olho, chakra do 84-5, 97
tetragonais, cristais 62, 64
Terra, chakra da 84-6

Terra, chakra estrela da 94-5
Todo, o 10, 15, 236-40
Topázio 117, 134
tóxicas, essência(s) de pedras 190
transparentes, cristais 57
Quartzo 104-05, 147, 159, 182, 187
triangulação 126
triclínicos, cristais 62, 64
trigonais, cristais 62, 64
Tugtupita 93, 108-09, 210-11, 216
Turmalina 32, 64, 90, 123, 128, 147
da Paraíba 210-11, 214
turquesa 29, 122

V
Variscita 84
varinhas 8, 53, 61, 182
verdes, cristais 56, 121, 140
Aventurina 83-4, 98-9, 114, 123, 140, 147
Turmalina 32, 147
Greenlandita 117, 134
vermelhos, cristais 53, 55, 114
vidas passadas, chakra das 87
visão remota 189
visualização 10
Vivianita 8-10

Z
zigue-zague, traçado em 126
Zincita 51
Zoisita oval 59

Agradecimentos

Eu gostaria de agradecer a todos os participantes dos meus *workshops*, que me ajudaram a definir minha forma de trabalhar com os cristais. Aprendi muito com todos vocês e com todos os fornecedores de cristais, que me apresentam aos novos assim que chegam. Finalmente, agradeço a David Eastoe (www.petaltone.co.uk), como sempre, — suas essências de limpeza são imprescindíveis ao meu trabalho.

Créditos das imagens: Alamy Image Source Black 1. **Fotolia** aarnet 89. **Octopus Publishing Group** 2, 4, 6, 10, 16, 17, 19, 23, 26-32, 49, 51, 53, 55-, 61, 63-4, 81, 93, 113, 115, 117, 119, 122-24, 145, 150, 155-157, 159, 177, 179-80, 182-83, 185-86, 209,211-13, 216-18, 220, 223; /Andy Komorowsky 21; /Frazer Cunningham 146; /Mike Prior 25, 83, 120, 125, 148; /Russel Sadur 13-4, 91, 181, 191-92, 219, 221